Le petit mercure

Suivi éditorial par Jean-Michel Décimo

Le goût du Pays basque

Textes choisis et présentés
par Stéphane Baumont

Mercure de France

ISBN 978-2-7152-3184-9

SOMMAIRE

DE LA BASQUITÉ COMME GÉNIE DU LIEU

DE LA SOLITUDE TRANSATLANTIQUE ET DE L'ARRIÈRE-PAYS

DU SENTIMENT GÉOGRAPHIQUE ET DE LA GÉOPOÉTIQUE

INTRODUCTION

« On naît basque, on parle basque, on vit basque et on meurt basque. La langue basque est une patrie, j'ai presque dit une religion. »

VICTOR HUGO

« Je suis basque, moi ; tu es basque, toi ; il est basque lui ; on est basques nous. »

Chanson à boire du pays de Mixe

« Au Pays basque, Satan est vif, espiègle, prestidigitateur. »

MICHEL CHAILLOU

Promeneur, touriste, vacancier, nomade, amateur d'océan et de couchers de soleil, surfeur, nageur ou golfeur, passionné de trinquet, de frontons, de hautes vagues ou de pluies d'arrière-pays, entre ici en Pays basque, en Euskalherri, « pays » (*herri*) de la langue basque (*euskal*) ; viens découvrir l'espace le plus occidental de la chaîne pyrénéenne délimité par le Pic d'Anie à l'est et la vallée du Nervién (Bilbao) à l'ouest, l'Adour inférieur au nord et la naissance des monts Cantabriques au sud. Bayonne, Biarritz, Saint-Jean-de-Luz t'attendent pour te faire humer leurs parfums atlantiques, leurs vagues, leurs écumes historiques. Cambo-les-Bains, Arcangues, Saint-Pée-sur-Nivelle, Hasparren, Espelette,

La Bastide-Clairence – et son cimetière juif du XVIe siècle – (où Francis Jammes en présence de Paul Claudel eut conscience de sa « conversion ») t'offrent leur histoire et ouvrent à ta curiosité les mystères et le génie des lieux de l'arrière-pays. On pourrait ensemble s'abandonner au voyage absolu en visitant les sept provinces qui n'en font qu'une : « Zuzpiakbat » comme sur l'écusson basque, les sept blasons accolés (Biscaye, Alava, Guipuzcoa, Navarre, Pays basque espagnol ; le Labourd, la Basse-Navarre et la Soule, les trois provinces basques de la France). Il eut fallu deux éditions de cet ouvrage pour couvrir tout le Pays basque : nous nous en tiendrons pour la présente au versant français des Pyrénées Occidentales : le Labourd qui tient la côte et les agglomérations urbaines les plus importantes (Bayonne, Anglet, Biarritz, Saint-Jean-de-Luz, Hendaye), la Basse-Navarre (Saint-Jean-Pied-de-Port, Irouleguy) et la Soule (Mauléon-Licharre, le col d'Organbidexka).

Il eut fallu aussi un autre « goût » du Pays basque pour donner toute leur place à tous ces grands écrivains basques, pour raconter avec sa juste langue le pays qu'elle définit : Euskal-Herriaert, le pays où l'on parle et où l'on écrit basque, une même langue qui efface les Pyrénées en contestant le constat pascalien, pour le coup manichéen, de la vérité en deçà et de l'erreur au-delà de ces montagnes.

Que les lecteurs basques sachent que la pléiade de leurs meilleurs auteurs n'a pas été oubliée et parmi eux Txillardegi et son *Journal secret de Leturia*, Atxaga « calibré pour un Prix Nobel », selon Marie Darrieussecq, et son roman *Obadakoak*, Juan Mari Irigoien (*Babilonia*), Daniel Londart, Anton Lucu.

Tous, auteurs comme lecteurs, souhaitent bien haut :

Bizi dadin euskara, orai etabeti !
« Que vive la langue basque, maintenant et toujours ! »

De texte en texte, de poèmes en proses, de descriptions en lettres, vous découvrirez peu à peu la basquité des espaces traversés ; vous apprendrez, dans la solitude transatlantique d'une côte basque inventée et réinventée par les marées, les vents et les touristes, « l'irréductible particularité protohistorique du peuple basque » (E. Le Roy Ladurie) dont la formule sanguine (fréquence du groupe O et du signe rhésus négatif) le distingue des populations occitanes, gasconnes ou hispaniques.

Dans ce bout atlantique et pyrénéen, maritime et montagnard de l'Europe, à l'ouest des Pyrénées, entre le fleuve Adour et le rio Ebro, vous découvrirez avec Jules Michelet, Marie Darrieussecq, Pierre Loti, Jean Échenoz, Paul-Jean Toulet et d'autres « la basquité » du plus vieux peuple européen.

Même à Biarritz ou à Bidart, à Guetary ou à Saint-Jean, vous découvrirez qu'on peut être basque ailleurs qu'en Euskarie : au-delà du Labrador où sont des « îles aux Basques », des anses aux Basques ; à San Francisco où la rue des Basques abrite le « Southern Euskualdun Club » ; au cœur des Amériques quand le Sénateur Laxalt, fils d'un berger de Tardets émigré aux États-Unis devient conseiller personnel de Ronald Reagan, permet à ses concitoyens de feuilleter le grand livre du Pays basque.

Arrière-pays plein de mystères et de sentiers, de villages de pelotaris et de rugbymen, d'églises et de cimetières à nulle autre pareils, le Pays basque c'est aussi sa côte, sa « solitude transatlantique » (Florence Delay) qui offre ses falaises ou ses plages, ses phares et ses hautes maisons, ses barres et ses digues à l'écume des vagues qui viennent de si loin pour offrir, aux grandes marées, des flocons d'écume qui tombent comme ceux de neige sur les ports, les rues des stations balnéaires ou le sable des plages qui semblent sortir toutes blanches d'un roman de Thomas Mann. Puis le sentiment géographique nous portera sur le sentier, sur les chemins, dans les vallées, sur les montagnes de la géopoétique.

Au-delà du folklore et du tourisme flanqué de ses stéréotypes, on retiendra de chacune des maisons (Labourdine, Bas-Navarraise, Souletine) qu'elles ont donné naissance à un nombre conséquent de patronymes qui dérivent du mot maison : Etchegaray, Etchegoyen, Etchemendy, Etcheverry, Etcheverrygarray ; charges sémantiques comme autant de guirlandes entre étoiles du Pays basque.

Modeste pierre apportée à une nouvelle respiration du Pays basque, à son goût, les lecteurs amateurs de ce sensoriel si profondément ancré dans l'immémoriel découvriront de nouveaux territoires de Jean-Paul Sartre à Paul Claudel, de Renaud Camus à Jean Cocteau, de Prosper Mérimée à Roland Barthes, d'Edmond Rostand à Alexandre Dumas, de Jules Verne au poète Jules Supervielle.

L'histoire comme la géographie habitent ces lieux. La « basquité », la « solitude transatlantique » et le sentiment géographique sont les môles autour desquels les textes ici rassemblés ouvrent les belles pages d'une géopoétique qui allie mer et montagne, rugby et pelote basque, pelotari et cesta punta, Hôtel du Palais et châteaux d'arrière-pays, et qui, avec Iparraguirre vous lance, telle une antienne océane et terrestre :

« *Baban bihotzak dio : Zoaz Euskal herrira !*
Le cœur vous dit : allez au Pays basque ! »

Stéphane BAUMONT

DE LA BASQUITÉ COMME GÉNIE DU LIEU

PIERRE LOTI

L'âme basque

Dans son ouvrage Le Pays basque, *récits et impressions de l'Euskal-Herria, Pierre Loti nous propose la plus touchante et ciselée des proses poétiques pour transformer tout lecteur en Basque et fier de l'être : une évocation sensible, amoureuse et nostalgique. Où l'on découvre aussi un Loti catastrophé par l'irruption du tourisme qui menace l'intégrité d'une terre.*

Saint-Jean-de-Luz conserve encore quelques recoins charmants, quelques tranquilles et honnêtes petites rues, empreintes du cachet local : toits débordants; façades peintes à la chaux, où s'entrecroisent des poutres vertes ou rouges; grands arbres passant par-dessus des clôtures de jardins; échappées de vue sur la mer bleue ou les Pyrénées brunes; paix et silence, entre des murs blancs, sur un pavage de galets marins… Mais l'horreur des constructions modernes va se multipliant chaque jour. Pas un bout de plage, pas une gentille colline que ne déshonore à présent quelque grande bâtisse coûteuse, conçue par des rastaquouères extravagants, par des snobs en délire… Quand ce serait si simple, mon Dieu, pour ne pas défigurer ce pays, de bâtir des maisons basques, comme certains rares artistes ont eu le bon goût de le faire !... Hélas ! hélas ! qui nous sauvera de la pacotille moderne, du faux luxe, de l'uniformité et des imbéciles !...

[...]

Pauvre Pays basque, si longtemps intact, comme une sorte de petite Arabie, défendu qu'il était par sa fidélité aux traditions ancestrales et par son langage qui ne peut s'apprendre, le voici donc qui s'en va tout d'un coup ! Depuis très peu de saisons, le tourisme, qui semblait l'ignorer, l'a enfin découvert. Des milliers d'oisifs, de snobs accourus des quatre vents de l'Europe, s'y déversent en troupeau chaque année ; alors, pour les accueillir et les rançonner, on multiplie les bâtisses à façade tapageuse, les casinos, les voies ferrées et les fils électriques. D'invraisemblables *articles de modes* arrivent à pleins wagons pour coiffer les jolies Basquaises de la campagne.

Bientôt, plus un village qui ne soit défiguré comme à plaisir ; pas une chaumière qui ne soit honteusement maculée par les écriteaux de l'« Oxygénée verte » ou de l'« Amer Picon ».

Rien à faire contre tout cela, je le sais bien. Mais voici un projet néfaste, en ce moment à l'étude, que je dénonce à la société « Protectrice des paysages français ». Entre Saint-Jean-de-Luz et Hendaye, subsiste encore par miracle une étendue de côte magnifiquement déserte, des falaises restées fières et sauvages.

Eh bien, on veut, tranchant les rochers, nivelant les sables, y faire passer une ligne de tramway, pour l'amusement des snobs en voyage. Il y en a déjà tant et tant, de lignes ferrées, à l'usage de ces gens-là, et tant de plages travesties suivant leur goût ! Ne pourrait-on songer un peu aussi aux vrais artistes, et leur réserver un lieu de paix le long de la mer ? Vraiment, il est des sites qu'il faudrait respecter et qui devraient devenir intangible propriété nationale, comme nos monuments ou les objets d'art de nos musées.

Dans l'avenir, aux yeux de nos descendants plus affinés, ils seront de grands malfaiteurs, ces hommes qui, pour amasser de l'or, détruisent si aveuglément, dans nos horizons de France, les dernières réserves de calme et de beauté.

Le Pays basque

EMMANUEL LE ROY LADURIE

Bayonne et les radicelles du jansénisme

Ancien administrateur général de la Bibliothèque Nationale, Emmanuel Le Roy Ladurie nous propose ici dans sa description de l'histoire et de la géographie du Pays basque l'étonnant parcours de deux Basques du sud, Ignace de Loyola et François-Xavier, qui assurèrent l'un la fondation, l'autre le rayonnement mondial de la Compagnie de Jésus. Il nous rappelle aussi que Cornelius Jansen (initiateur du jansénisme) fut de 1612 à 1614 le principal du collège de Bayonne.

Une quarantaine d'années plus tard, les faits de religion évoquent aussi le contraste étonnant par quoi Euskadi-méridional manifeste sa différence d'avec Euskadi-Nord. Ce sont en effet deux Basques du Sud, Ignace de Loyola et François-Xavier, qui assurent, l'un la fondation, l'autre le rayonnement mondial (asiatique, en particulier) de la Compagnie de Jésus. Il est vrai que les deux hommes ne se souciaient guère de l'initiale ethnicité qui caractérisa leur enfance; *vice versa,* c'est à Bayonne, cité sinon basque, du moins semi-confite en basquitude septentrionale, que se trouvent quelques-unes des radicelles du jansénisme. Duvergier de Hauranne fut l'un des premiers adeptes de cette doctrine : or il naquit dans la petite métropole portuaire des futures Pyrénées-Atlantiques en 1581, et il alla même jusqu'à faire de son ami Cornélius Jansen (« Jansenius »), pour quelques années (1612-1614), le principal du collège de Bayonne. Le séminaire bayonnais de Laressore demeurera, jusque sous Louis XV, « infecté » d'augustinisme. L'origine de ces divergences entre deux destinées régionales et plus que régionales vient évidemment de beaucoup plus loin. Port-Royal et Paris, d'un côté, Madrid et Rome, de l'autre, à travers Cornélius Jansen et Ignace de Loyola, tirent respectivement, à hue et à dia, les ouailles des deux versants pyrénéens. Celles-ci n'ont plus qu'à se conformer, chacune pour soi, aux impératifs spécifiques de l'une ou l'autre culture dominante : hispanicité jésuitique à Bilbao; francité jansénisante à Bayonne.

Histoire de France des régions. La périphérie française, des origines à nos jours
coll. « L'univers historique »

Emmanuel Le Roy Ladurie considère le Pays basque français, « ethniquement parlant » comme une « annexe » de la zone basque espagnole et nous rappelle que les Basques ont conservé d'une lointaine période néolithique quelques termes significatifs : les mots basques *hache, couteau, houe* et *ciseaux* sont formés, chacun dans son genre, sur le radical *aitz* (pierre).

VICTOR HUGO

Bayonne, lieu vermeil et souriant, Biarritz, village blanc à toits roux

Victor Hugo n'a jamais pu entrer à Bayonne sans émotion parce que Bayonne est pour lui un souvenir d'enfance. Il y est en effet venu à l'âge de huit ans pour rejoindre son général de père en Espagne. En 1843, il fit halte sur la côte basque en compagnie de Juliette Drouet.

26 juillet

C'était magnifique, à Bayonne du moins. Des chevaliers abricot et des Arabes vêtus de drap de fer de la tête aux pieds surgissaient à chaque instant, puis s'engloutissaient, au milieu d'une prose terrible, dans les ruines de carton pleines de chausse-trappes et de pièges à loups. Il y avait le calife Haroun et l'eunuque Giafar. Nous étions dans l'admiration. [...]

Il y avait au bord de l'eau, sous des arbres, une belle promenade où nous allions tous les soirs. Nous faisions, en passant, la moue au théâtre où nous ne mettions plus les pieds et qui nous inspirait une sorte d'ennui mêlé d'horreur. Nous nous asseyions là sur un banc, nous regardions les navires, et nous écoutions notre mère nous parler ; noble et sainte femme qui n'est plus aujourd'hui qu'une figure dans ma mémoire, mais qui rayonnera jusqu'à mon dernier jour dans mon âme et sur ma vie. [...]

Bayonne est resté dans ma mémoire comme un lieu vermeil et souriant. C'est là qu'est le plus ancien souvenir de mon cœur. Époque naïve, et pourtant déjà doucement agitée ! C'est là quc j'ai vu poindre, dans le coin le plus obscur de mon âme, cette première lueur inexprimable, aube divine de l'âme.

Ne trouvez-vous pas, ami, qu'un pareil souvenir est un lien, et un lien que rien ne peut détruire ? [...]

27 juillet

J'ai peu de chose à vous dire de Bayonne. La ville est on ne peut plus gracieusement située, au milieu des collines vertes, sur le confluent de la Nive et de l'Adour, qui fait là une petite Gironde. Mais, de cette jolie ville et de ce beau lieu, il a fallu faire une citadelle.

Malheur aux paysages qu'on juge à propos de fortifier ! Je l'ai déjà dit une fois, et je ne puis m'empêcher de le redire : le triste ravin qu'un fossé en zigzag ! la laide colline qu'une escarpe avec sa contrescarpe ! C'est un chef-d'œuvre de Vauban ; soit ! Mais il est certain que les chefs-d'œuvre de Vauban gâtent les chefs-d'œuvre du bon Dieu. [...]

Biarritz

25 juillet

Vous connaissez, mon ami, les trois points de la côte normande qui m'agréent le mieux, le Bourgd'eau, Le Tréport et Étretat ; Étretat avec ses arches immenses taillées par la vague dans la falaise, Le Tréport avec sa vieille église, sa vieille croix de pierre et son vieux port où fourmillent les bateaux pêcheurs, le Bourg-d'eau avec sa grande rue gothique qui aboutit brusquement à la haute mer. Eh bien, rangez désormais Biarritz avec Le Tréport, Étretat et le Bourgd'eau parmi les lieux que je choisirais *pour le plaisir de mes yeux*, dont parle Fénelon.

Je ne sache pas d'endroit plus charmant et plus magnifique que Biarritz. Il n'y a pas d'arbres, disent les gens qui critiquent tout, même le bon Dieu dans ce qu'il fait de plus beau. Mais il faut savoir choisir : ou l'océan, ou la forêt. Le vent de mer rase les arbres.

Biarritz est un village blanc à toits roux et à contrevents verts posé sur des croupes de gazon et de bruyère, dont il suit les ondulations. On sort du village, on descend la dune, le sable s'écroule sous vos talons, et tout à coup on se trouve sur une grève douce et unie au milieu d'un labyrinthe inextricable de rochers, de chambres, d'arcades, de grottes et de cavernes, étrange architecture jetée pêle-mêle au milieu des flots, que le ciel remplit d'azur, de soleil, de lumière et d'ombre, la mer d'écume, le vent de bruit.

Je n'ai vu nulle part le vieux Neptune ruiner la vieille Cybèle avec plus de puissance, de gaieté et de grandeur. Toute cette côte est pleine de rumeurs. La mer de Gascogne la ronge et la déchire, et prolonge dans les récifs ses immenses murmures. Pourtant je n'ai jamais erré sur cette grève déserte, à quelque heure qu'on fût, sans qu'une grande paix me montât au cœur. Les tumultes de la nature ne troublent pas la solitude.

Vous ne sauriez vous figurer tout ce qui vit, palpite et végète dans le désordre apparent d'un rivage écroulé. Une croûte de coquillages vivants recouvre les rochers.

Les zoophytes et les mollusques nagent et flottent, transparents eux-mêmes dans la transparence de la vague. L'eau filtre goutte à goutte et pleure en longues perles de la voûte des grottes. Les crabes et les limaces rampent parmi les varechs et les goémons, lesquels dessinent sur le sable mouillé la forme des lames qui les ont apportés. Au-dessus des cavernes croît toute une botanique curieuse et presque inédite, l'astragale de Bayonne, l'œillet gaulois, le lin de mer, le rosier à feuilles de pimprenelle, le muflier à feuilles de thym.

Il y a des anses étroites où de pauvres pêcheurs, accroupis autour d'une vieille chaloupe, dépècent et vident, au bruit assourdissant de la marée qui monte ou descend dans les écueils, le poisson qu'ils ont pêché la nuit. Les jeunes filles, pieds nus, vont laver dans la vague les peaux des chiens de mer, et, chaque fois que la mer blanche d'écume monte brusquement jusqu'à elles, comme un lion s'irrite et se retourne, elles relèvent leur jupe et reculent avec de grands éclats de rire.

On se baigne à Biarritz comme à Dieppe, comme au Havre, comme au Tréport, mais avec je ne sais quelle liberté que ce beau ciel inspire et que ce doux climat tolère. Des femmes, coiffées du dernier chapeau venu de Paris, enveloppées d'un grand châle de la tête aux pieds, un voile de dentelle sur le visage, entrent en baissant les yeux dans une de ces baraques de toile dont la grève est semée ; un moment après, elles en sortent, jambes nues, vêtues d'une simple chemise de laine brune qui souvent descend à peine au-dessous du genou, et elles courent en riant se jeter à la mer. Cette liberté, mêlée de la joie de l'homme et de la grandeur du ciel, a sa grâce. [...]

Somme toute, avec sa population cordiale, ses jolies maisons blanches, ses larges dunes, son sable fin, ses grottes énormes, sa mer superbe, Biarritz est un lieu admirable.

Je n'ai qu'une peur, c'est qu'il ne devienne à la mode. Déjà on y vient de Madrid, bientôt on y viendra de Paris.

Alors Biarritz, ce village si agreste, si rustique et si honnête encore, sera pris du mauvais appétit de l'argent, *sacra fames*. Biarritz mettra des peupliers sur ses mornes, des rampes à ses dunes, des escaliers à ses précipices, des kiosques à ses rochers, des bancs à ses grottes, des pantalons à ses baigneuses. Biarritz deviendra pudique et rapace. La pruderie, *qui n'a dans tout le corps de chaste que les oreilles*, comme dit Molière, remplacera la libre et innocente familiarité de ces jeunes femmes qui jouent avec la mer. On lira la gazette à Biarritz ; on jouera le mélodrame et la tragédie à Biarritz.

Voyages

Le 2 août 1843, lors d'une étape à Saint-Sébastien, Victor Hugo note dans son journal : « On naît basque, on parle basque, on vit basque, et l'on meurt basque. La langue basque est une patrie, j'ai presque dit une religion. Dites un mot basque à un montagnard dans la montagne ; avant ce mot, vous étiez à peine un homme pour lui ; vous voilà son frère. »

RENAUD CAMUS

La villa Arnaga à Cambo-Les-Bains

Poursuivant son périple à la découverte des maisons d'écrivains de la France du Sud-Ouest, Renaud Camus découvre, fasciné, la villa Arnaga d'Edmond Rostand.

Je reconnais sans hésiter que c'est un lieu extraordinaire, exceptionnel, excellemment administré et qu'on doit absolument visiter si on ne l'a pas déjà fait. En un certain sens, c'est le Versailles des *demeures de l'esprit*. Mais, justement, et pour changer de métaphore, et tâcher de mieux m'expliquer, je prendrai l'exemple d'un groupe sur les châteaux de France, dont je m'occupe sur Flickr, le site d'échanges photographiques : j'avoue voir arriver avec plus de plaisir, de curiosité ou d'intérêt une image de tel petit château inconnu de l'Allier ou de la Haute-Marne, que la trois centième vue de Versailles, de Chambord ou de Chenonceaux. « Faut-il interdire Chenonceaux ? » me suis-je même demandé par écrit. Je n'ai pourtant rien contre les plus fameux châteaux de la Loire, ni contre Versailles, ni contre Arnaga – enfin *si*, peut-être un peu : disons que je trouve au Cayla plus de charme, suis plus excité par Abbadia (que je connais infiniment moins), trouve plus émouvant le Bosc. Mais Arnaga est parfaite, parfaite, parfaite.

C'est une énorme maison basque, précédée de magnifiques jardins à la française, tout à fait dans l'esprit de Versailles, puisqu'on en parle – avec force bassins et jets d'eau, et même un petit grand canal. C'est peut-être cela, au fond, qui ne va pas : le mariage de la maison basque avec le grand jardin à la française ? Et puis les maisons basques sont-elles faites pour être énormes ? Ne sont-elles pas à l'origine – une origine assez suspecte, il est vrai, comme la plupart des origines, et celle-ci plus *folklorique*, et politique, que vraiment attestée par l'histoire – de petites maisons de montagne, assez cousines, malgré les différences chromatiques, du chalet suisse ? Or nous songeons rarement aux chalets suisses comme à des édifices considérables, pour la seule raison que leur nom, peut-être, implique un caractère diminutif, presque une certaine exiguïté. Il en est pourtant de gigantesques, à commencer par celui qu'habitait Balthus à Rossinière, dans le canton de Vaud, et qui est sans doute le plus grand de tous. Arnaga lui ressemble un peu, je m'en avise. Mais le chalet de Balthus, qui d'ailleurs est tout à fait superbe, date authentiquement du XVIIIe siècle, tandis qu'Arnaga est pur 1900.

Arnaga est l'enfant de *Cyrano de Bergerac*. Elle lui doit d'exister, d'avoir été possible. Le triomphe sans précédent de la pièce, en 1897 et longtemps après, à l'étranger comme en France, a fait couler vers Rostand les flots d'or qui seuls lui permettaient de se lancer dans une entreprise aussi titanesque. Il avait découvert Cambo grâce au professeur Grancher, membre de l'Académie de médecine et maire de la petite station thermale, qui l'avait persuadé de venir soigner là une pleurésie contractée dans les coulisses du théâtre Sarah-Bernhardt pendant les répétitions de *L'Aiglon*, en 1899, plutôt que de s'abandonner au scalpel du fameux professeur Pozzi, surnommé *l'Amour Médecin* pour ses conquêtes parmi ses patientes, un des modèles du Cottard de *la Recherche* et le père de Catherine Pozzi, la poétesse, le grand amour de Valéry – ou plutôt sa grande amoureuse, peut-être.

[...]

Arnaga ne laisse rien paraître de tous ces drames, si l'on ne se penche délibérément sur eux. Les jardins sont entretenus à merveille, les façades fraîchement repeintes resplendissent dans la lumière, une bonne odeur de cire se dégage des parquets et boiseries, aucun meuble n'est là qui n'ait connu la famille au temps de sa splendeur; et l'espace ne manque pas pour que marginalement, comme il convient, tout ce qu'on peut désirer savoir soit expliqué par le texte, par l'image ou par l'objet. Des guides aimables et compétents vous font visiter si vous le souhaitez, mais vous n'avez même pas de choix à faire, vous pouvez très bien aussi, ensuite, repasser seul dans toutes les salles, tout à loisir. De toutes les maisons d'artistes, de penseurs et d'écrivains, Arnaga est celle qui est organisée pour recevoir le public de la façon la plus professionnelle, au sens le plus positif de l'adjectif. C'est aussi la plus somptueuse, probablement, la plus impressionnante de proportions, la plus riche en tous ses détails – au moins parmi celles que son écrivain ou son artiste a fait édifier lui-même, avec les revenus de ses travaux : un Hautefort ne compte pas, que Bertran de Born avait hérité, et qui, dans son état actuel, ne ressemble en rien à ce qu'il a connu. Je ne vois à comparer à Arnaga, pour nous convaincre, et ce n'est pas facile, des virtualités financières de la carrière des Lettres, que l'Abbotsford de Walter Scott, moins excentrique, et surtout le Vittoriale de D'Annunzio, qui l'est sans doute davantage. Rostand ne pensait pas du tout que sa demeure fût excentrique, d'ailleurs. S'il avait choisi la forme d'une simple maison basque plutôt que d'un grand château dont elle a le volume, c'était par amour de la simplicité. Mais sa modestie est un peu tape-à-l'œil.

Demeures de l'esprit, France I, Sud-Ouest

Paul Faure, qui fut un proche de l'homme de théâtre, raconte dans son petit ouvrage *Vingt ans d'intimité avec Edmond Rostand* que ce dernier reçut souvent à Arnaga Léon Blum et Louis Barthou. Le 20 septembre 1918, Rostand dit à Faure : «J'ai constaté que les chênes d'Arnaga sont malades. Je ne sais quelle maladie fait tomber les feuilles en poussière; ils vont mourir. Dans deux ans au plus il faudra les abattre tous. Aussi j'ai décidé de vendre Arnaga.» Le 24 septembre il décidait de ne pas vendre. Le 4 octobre il se confiait : «Je suis décidé plus que jamais à quitter Arnaga le moins possible. Ce sera peut-être le plus sûr moyen de vivre assez pour réaliser une partie des œuvres que je voudrais laisser avant de disparaître.» Il s'éteindra à Paris le 2 décembre 1918.

JEAN COCTEAU

« 4 heures de marche pour atteindre l'auberge dans les nuages de Wagner »

En août 1919, Jean Cocteau séjourne à Ahusky avec Louis Durey et son frère. Il écrit à sa mère – qui louera en 1925 la villa Jaisquibel à Saint-Jean-de-Luz – en lui décrivant les lieux.

Carte-lettre : 10, rue d'Anjou, Paris.
Cachet : Mauléon Soule, Basses-Pyrénées, 15-8-19.
Jeudi

Ma chérie

Merci de la carte-lettre Poiret avec échantillons des couleurs de la Redoute « Clair de Lune ». On se demande comment ces correspondances atteignent notre montagne. Les aigles volent à quelques mètres. L'auberge est *seule au monde*. 4 heures *de marche* à pic pour l'atteindre dans les nuages de Wagner. Nos sacs, attachés sur une pauvre mule, penchaient sur les précipices. Une minute après avoir quitté le bord du gouffre, ils se détachent et tombent. Enfin, après une soirée de désespoir, de solitude, A. nous semble le Paradis terrestre, ou céleste. Chambre à la chaux, meubles (!) de berger, petite fenêtre ouverte sur une cuve pleine d'air bleu et d'oiseaux qui nagent les ailes ouvertes. Cuisine admirable. 15 plats. Soupes. Nous déjeunons et dînons à la table des bergers. Ils chantent trop mais ils sont pleins de gentillesse. Explique aux amis que j'écrirai peu. Eau miraculeuse, paraît-il. Je t'embrasse ainsi que Marthe et Paul.

Jean

J'ai monté 4 heures sans fatigue.

Durey me charge de ses respects pour toi.

Carte postale : Hôtel Bellevue, Ahusky, par Mauléon (Basses-Pyrénées), P. Baratcabal, propriétaire. Cure d'eaux d'Ahusky, contre les maladies de l'estomac. Cure d'air pur, dans la haute montagne. Écrire pour voyage à dos de mulet.

[Samedi] 23 août 1919

Ma chérie

L'enveloppe ci-jointe témoigne de ton trouble et de ton inquiétude. Cela me gâche tout. Le soleil se montre. Coups de soleil rouge tomate. À 6 heures partie de pelote à main des bergers. Je fume ma pipe et je les regarde sur le fond bleu des montagnes.

Tu as raison de me souhaiter des récompenses. Chaque jour de ma vie est un petit effort pour devenir mieux. Ce que je crois être mieux. Depuis 6 ans je monte une rude côte sans m'asseoir une seconde. Je suis heureux et fier que tu le sentes. Je corrige et arrange mon livre de poèmes que Laffitte me demande – et l'« Impératrice » pour *Nos loisirs* qui me tape. J'arrange aussi les poèmes de Le Roy et ma préface.

Je t'aime.

Jean

[Côté vue :] LE SOLEIL SE MONTRE – ici je fume ma pipe – ici j'organise des parties de pelote à main entre les bergers – chapelle. [Sur la façade de l'hôtel, trois fenêtres fléchées :] moi – Durey – son frère.

[Dimanche] 24 août 1919

Ma chérie

Maintenant soleil. Cette nuit « une chose », comme dirait Lucien, tout à fait curieuse. Sorte de cyclone chaud. Sirocco. Mistral. Tuant les arbres et les vaches. Cela entre dans les chambres et rend fou, genre Gastibelza. On protège les volets avec des bâtons, des fourches. Nous avons pris notre bain de soleil dans « la chose » très calmée du reste. Je commence à devenir indien.

Tes lettres me donnent des nouvelles d'Auric et de Valentine qui n'écrivent pas. Silence de Valentine habituel. Silence Auric nous étonne. Tu vois que l'Oasis Poiret est agréable. Mais vous ne croyez que votre fils Paul, chère madame. Quant à Valentine, elle devrait bien ne plus se mêler de ma ligne de conduite et prendre garde à la famille Victor. Famille retorse et maligne. On la mangera comme un pauvre canard – et elle croit arriver comme le cygne de Lohengrin ou le Graal. Mater m'écrit qu'elle empile gaffe sur gaffe. On n'aurait pas dû lui dire pour Fargue.

Que te raconter d'Ahusky, village formé par notre ferme, le mur de pelote et la chapelle grande comme ton cabinet de toilette côte à côte avec d'autres cabinets ? Il faut être un sauvage de mon genre pour aimer vivre dans cette *incroyable* solitude, éloignement de *tout*. Les bergers finissent par ressembler aux chèvres. Ils poussent des cris de bêtes que j'apprends pour leur répondre. Si le soleil brûle, alors les brebis se mettent la tête à l'ombre et s'imaginent être complètement à l'ombre.

En marchant, on découvre quelques arbres et des hautes fougères derrière lesquelles le bétail se couche l'un sur l'autre. Je ne connais pas de pays plus misérable. Pense que la petite source qui coule comme le robinet de l'office est la seule eau de toutes ces montagnes. On la cherche dans des brocs de laitages.

Je t'embrasse.

Jean Cocteau, *Lettres à sa mère*, II, 1919-1938

Ahusky est un vaste plateau d'altitude, domaine des bergers qui, le 15 août, donnent leur fête annuelle. À 1 075 mètres d'altitude, une source réputée guérir les maladies de l'estomac, du foie, du rein, la goutte, alimentait l'hôtel thermal ravagé par un incendie en 1945. Une auberge sise en contrebas de ladite source a depuis été construite.

JEAN ÉCHENOZ

«Les choses s'arrangent toujours quand il revient dans son pays, l'océan s'étire en bâillant, le ciel géant contient un soleil pur»

Auteur notamment de Courir, Au piano, Luc, L'occupation des sols, *Jean Échenoz dans son roman* Ravel *nous restitue quelques moments de la vie du compositeur à Saint-Jean-de-Luz, près de Ciboure où il est né, et où il s'installe chaque été et retrouve ses amis Gustave Samazeuilh et Marie Gaudin.*

Taureaux, pelote basque et bains de mer, piments d'Espelette et vin d'Irouléguy, Joaquin Nin l'y emmène dans son Hotchkiss. On fait une halte à Arcachon où, le soir venu sur la jetée, Nin lui fait observer que ce projet Albéniz pose peut-être un problème de droits vu qu'il semble qu'un certain Arbos ait déjà orchestré ces pièces. Je m'en fous, dit sèchement Ravel, qu'est-ce que c'est que cet Arbos ? Mais il n'a pas l'air de s'en foutre autant que ça. Voyant que cela commence à l'inquiéter, Nin enquête auprès de l'éditeur. Il apparaît qu'un inexpugnable réseau de traités, contrats, signatures et copyrights protège *Iberia* : nul autre que le dénommé Arbos n'a le droit de s'occuper d'Albéniz.

Haute colère de Ravel, nerveux et contrarié à Saint-

Jean-de-Luz, ma saison est foutue, toutes ces lois sont idiotes, j'ai besoin de travailler, ça m'amusait d'orchestrer ça, et puis qu'est-ce que je vais dire à Ida ? Elle va être furieuse. De toute façon je rentre à Paris demain, je ne veux pas rater le 14 Juillet. Nin n'en croit pas un mot, sûr que Ravel va plutôt se ruer chez l'éditeur et chez Ida pour essayer d'arranger ça, Nin se trompe. Chaque fois qu'arrive le 14 Juillet, Ravel est excité comme une puce, pas question de rater le moindre bal. Il écume tous les quartiers de Paris, s'attarde à toutes les terrasses d'où il aime regarder danser les couples collés sous les lampions en écoutant jouer les orchestres, même réduits à un seul accordéon.

[...]

De retour à Saint-Jean-de-Luz, tôt le matin, le voilà sur le point de partir à la plage en compagnie de Samazeuilh. Vêtu d'un peignoir jaune d'or sur un maillot de bain noir à bretelles et coiffé d'un bonnet de bain écarlate, il s'attarde un moment au piano, joue et rejoue d'un doigt une phrase sur le clavier. Vous ne trouvez pas que ce thème a quelque chose d'insistant ? demande-t-il à Samazeuilh. Et puis il va se baigner. Sorti de l'eau, assis sur le sable sous le soleil de juillet, il reparle de cette phrase de tout à l'heure. Ce serait bien d'en faire quelque chose. Il pourrait par exemple essayer de la répéter plusieurs fois mais sans la développer, juste en faisant monter l'orchestre et le graduer au mieux tant qu'il pourrait. Non ? Enfin bon, dit-il en se levant avant de retourner nager, des fois que ça marcherait comme *La Madelon*. Mais ça marchera beaucoup mieux, Maurice, ça va marcher cent mille fois mieux que *La Madelon*.

[...]

Et tant qu'on est dans la célébration, en plein mois d'août on organise à Saint-Jean-de-Luz un festival en son honneur, au cours duquel on va donner son nom au quai sur lequel il est né. Il y retrouve son piano, son maillot et ses habitudes puis la cérémonie se passe bien, même si Claude Farrère – voix grave et barbe blanche, profil académique d'officier de marine marchande – bâcle un peu son discours avant lequel, de toute façon, Ravel s'éclipse. Allons plutôt boire un guignolet, dit-il à Robert Casadesus en le prenant par le bras, je ne veux pas être assez ridicule pour assister à la pose de ma propre plaque. En revanche il est très attentif au concours de pelote basque qui doit clore cette manifestation, et à l'issue duquel, dans son costume, tête nue et toujours sa Gauloise à la main, il pose pour le photographe au milieu de quatre pelotari colossaux et patibulaires, vêtus de blanc et porteurs de béret. Cette fois, sur la photo, il est le seul à sourire, les colosses demeurant de marbre. Pour conclure cette journée, alors qu'un concert de ses œuvres va être donné au profit d'entreprises charitables, comme d'habitude il est en retard, il n'est toujours pas là, on l'attend longtemps, il arrive enfin pour découvrir avec horreur qu'il a oublié la pochette de son habit et c'est encore toute une histoire. Casadesus a beau lui proposer de lui prêter la sienne, il déclare que c'est impossible. Et bien sûr que c'est impossible, puisqu'elle ne porte pas les mêmes initiales. Mais enfin ce n'est pas si grave puisqu'on file dès le lendemain dans l'Hispano d'Edmond Gaudin, le père de Marie, voir toréer Marcial Lalanda (oreille et division), Enrique Torres (ovation et sifflets) et Nicanor Villalta (silence et silence) aux arènes de Saint-Sébastien.

[...]

Toujours trop fatigué, il repart en vacances à Saint-Jean-de-Luz. Les choses s'arrangent toujours quand il revient dans son pays, l'océan s'étire en bâillant, le ciel géant contient un soleil pur, Samazeuilh et Marie Gaudin sont là pour l'accueillir, mais c'est pendant cet été-là que tout commence à se gâter. Voici que certains gestes familiers, en principe vivement accomplis sans y penser, commencent à se ralentir ou à manquer leur but. Écrire, par exemple, lui si soucieux de forme et de style, on dirait que même pour faire une liste de courses Ravel a un peu de mal à dessiner les mots. Un dimanche aux arènes avec les Gaudin, il fouille longuement ses poches sans pouvoir expliquer ce qu'il y cherche au juste, puis quand Edmond retire une cigarette des siennes, il s'en empare aussitôt : c'était ça. Il y a aussi la plage d'où, plutôt bon nageur, il a toujours aimé partir s'aventurer loin, mais il observe à présent qu'il n'arrive plus à exécuter certains mouvements dans l'eau : ils deviennent différents, prennent un tour imprévu. Et c'est toujours au bord de l'océan, une fois qu'il veut enseigner à Marie l'art des ricochets, que son geste se dérègle et la pierre va heurter le visage de son amie.

Comme il s'obstine à retourner se baigner, trois jours après cet incident, on ne le voit plus revenir du large où il s'est risqué. On part à sa recherche, on le trouve en train de faire la planche et se laissant dériver en attendant les secours. On l'extrait de là, on lui demande comment ça va, il répond simplement qu'il ne sait plus nager. Ne sachant quant à eux que penser, les médecins lui suggèrent de poursuivre ses vacances plus au frais, substituer par exemple la Manche à l'Atlantique : les plages du Nord, disent-ils, sont bien plus vivifiantes. On se débrouille pour le faire inviter au Touquet, et de fait en un mois tout a l'air d'aller mieux. Il peut rentrer.

Ravel

Dans son *Ravel*, Vladimir Jankélévitch écrit : « Si Déodat de Séverac l'Occitan fut le poète de la Catalogne, Ravel, originaire du Pays basque s'identifie à l'essence même de l'Espagne. » C'est en effet le 7 mars 1875 que Maurice Ravel naquit au n° 12 du quai de la Nivelle, actuel quai Maurice-Ravel à Ciboure, près de Saint-Jean-de-Luz. À l'âge de trois mois, il quitte Ciboure pour Paris. Jankélévitch souligne que le « *Trio en la*, pour piano, violon, et violoncelle fut composé tout entier en 1914 à Saint-Jean-de-Luz, et on ne peut l'entendre sans évoquer la luminosité du ciel basque ».

MADAME D'AULNOY

« Saint-Jean-de-Luz : le plus grand bourg de France et le mieux bâti. »

La comtesse d'Aulnoy (1650-1705) – Alexandra David-Neel des voyages en Europe au XVIIe *siècle – vécut en Espagne. Elle décrit ici un moment de son périple en Pays basque entre Turcs, Maures et… douaniers !*

Sans sortir de Bayonne, je trouvai des Turcs et des Maures, et je crois même quelque chose de pis : ce sont les gens de la douane. J'avais fait plomber mes coffres à Paris tout exprès pour n'avoir rien à démêler avec eux : mais ils furent plus fins, ou pour mieux dire, plus opiniâtres que moi, et il fallut leur donner tout ce qu'ils demandèrent. J'en étais encore dans le premier mouvement de chagrin, lorsque les tambours, les trompettes, les violons, les flûtes et les tambourins de la ville me vinrent faire désespérer ; ils me suivirent bien plus loin que la porte Saint-Antoine, qui est celle par où l'on sort quand on va en Espagne par la Biscaye ; ils jouaient chacun à leur mode et tous à la fois sans s'accorder ; c'était un vrai charivari. Je leur fis donner quelque argent, et comme ils ne voulaient que cela, ils prirent promptement congé de moi. Aussitôt que nous eûmes quitté Bayonne, nous entrâmes dans une campagne stérile, où nous ne vîmes que des châtaigniers ; mais nous passâmes ensuite le long du rivage de la mer, dont le sable fait un beau chemin, et la vue est fort agréable en ce lieu. Nous arrivâmes d'assez bonne heure à Saint-Jean-de-Luz. Il ne se peut rien voir de plus joli, c'est le plus grand bourg de France et le mieux bâti ; il y a bien des villes beaucoup plus petites. Son port de mer est entre deux hautes montagnes qu'il semble que la nature a placées exprès pour le garantir des orages ; la rivière de Nivelle s'y dégorge, la mer y remonte fort haut et les grandes barques viennent commodément dans le quai. On dit que les matelots en sont très habiles à la pêche de la baleine et de la morue. On nous y fit fort bonne chère et telle que la table était couverte de pyramides de gibier ; mais les lits ne répondaient point à cette bonne chère, il leur manque des matelas ; ils mettent deux ou trois lits de plumes de coq les uns sur les autres, et les plumes sortant de tous les côtés font fort mal passer le temps. Je croyais, lorsqu'il fallut payer, que l'on m'allait demander beaucoup ; mais ils ne me demandèrent qu'un demi-louis, et assurément il m'en aurait coûté plus de cinq pistoles à Paris.

Relation du voyage d'Espagne, 1874

Baronnie cédée en 1137 au chapitre cathédral de Bayonne, Saint-Jean-de-Luz obtint son indépendance après une lutte âpre. Saccagée en 1523, 1542 et 1558, la ville se relève vite avec les fructueuses pêches du XVIIe siècle. Louis XIV s'y maria avec l'infante d'Espagne le 9 juin 1660. La grande porte de l'église est restée murée depuis le passage du roi de France.

PAUL-JEAN TOULET

Haïkus basques

Voyageur insatiable, Paul-Jean Toulet (1867-1920) vécut en France, à l'île Maurice, à Alger. Ses poèmes, qui tiennent à la fois du haïku japonais et des quatrains d'Omar Khayam, nous promènent des cabarets des Halles à l'île Bourbon, du Béarn à Bénarès, de la tour Eiffel au Tonkin. Certains ont aussi pour thème le Pays basque. Il faut les lire « en situation », à Bayonne ou à Guétary. Extraits.

XXXIII

L'Ingénue

D'une amitié passionnée
  Vous me parlez encor,
Azur, aérien décor,
  Montagne Pyrénée,

Où me trompa si tendrement
  Cette ardente ingénue
Qui mentait, fût-ce toute nue,
  Sans rougir seulement.

Au lieu que toi, sublime enceinte,
  Tu es couleur du temps

Neige en Mars ; roses du printemps...
  Août, sombre hyacinthe.

XXXIV

Ce fut par un soir de l'automne
  À sa dernière fleur
Que l'on nous prit pour Mgr
  L'Évêque de Bayonne,

Sur la route de Jurançon.
  J'étais en poste, avecque
Faustine, et l'émoi d'être évêque
  Lui sécha sa chanson.

Cependant cloches, patenôtres,
  Volaient autour de nous.
Tout un peuple était à genoux :
  Nous mêlions les nôtres,

Ô Vénus, et ton char doré,
  Glissant parmi la nue,
Nous annonçait la bienvenue
  Chez Monsieur Lesquerré.

XLI

– « Bayonne ! Un pas sous les Arceaux,
  Que faut-il davantage
Pour y mettre son héritage
  Ou son cœur en morceaux ?

Où sont-ils, tout remplis d'alarmes,
  Vos yeux dans la noirceur,
Et votre insupportable sœur,
  Hélas ; et puis vos larmes ? »

Tel s'enivrait, à son phébus,
  D'un chocolat d'Espagne,
Chez Guillot, le feutre en campagne,
  Monsieur Bordaguibus.

LXII

Me rendras-tu, rivage basque,
  Avec l'heur envolé
Et tes danses dans l'air salé,
  Deux yeux, clairs sous le masque.

Les contrerimes

Trouvé sur un ancien carnet de Paul-Jean Toulet alors âgé de 14 ans : « C'est de 1884 que je me rappelle mes premiers vers en partie. J'étais enrhumé (à la boîte Courdurie, à Bayonne, philosophie à la rentrée) et Jean Berge m'ayant accusé d'être malade de sucreries, ou que, si c'était une femme, disait-il, qui te rend malheureux, console-toi, pour cent sous tu pourras l'avoir. » (in *Vers inédits*, Paris, Le Divan, 1936) Parmi ses *Poèmes inachevés*, P. J. Toulet a écrit une piécette de théâtre intitulée *Les Basquaises*, « imitée de Théocrite », qui s'achève ainsi : « Rappelle-toi l'été, la Nive étroite et pure où l'on s'allait baigner. »

GUSTAVE FLAUBERT

Biarritz et Fontarabie

En 1840, jeune bachelier, Flaubert entreprend son Voyage aux Pyrénées et en Corse *d'août à octobre avec des amis de son père. C'est son premier voyage. Il nous livre, à travers quelques notes, ses impressions.*

Jusqu'à présent j'adore Bayonne et voudrais y vivre; à l'heure qu'il est je suis assis sur ma malle, à écrire; la fenêtre est ouverte et j'entends chanter dans la cour de l'hôtel.

L'Adour est un beau fleuve qu'il faut voir comme je l'ai vu, quand le soleil couchant assombrit ses flots azurés, que son courant, calme le soir, glisse le long des rives couvertes d'herbes. Aux allées marines où je me promenais hier après la pluie, l'air était doux, on entendait à deux lieues de là le bruit sourd de la mer sur les roches; à gauche il y a une prairie verte où paissaient les bœufs.

On vous parle beaucoup de Biarritz à Bayonne. Les voitures qui vous y conduisent sont remplies de gens du pays. Allègre et gaillarde population descendue de la montagne, leur patois est vif et accentué, compris d'eux seuls, et servant de langue commune aux deux frontières espagnole et française. On y va pour s'y baigner, pour y danser. Biarritz est un nom qui fait sourire ici chaque habitant, on m'en avait conté mille choses charmantes que je me promettais de voir et que je n'ai pas vues.

Ce joli pays m'a été gâté, non par son aspect physique qui est des plus beaux, mais par son costume, si je puis dire, et gâté par un événement où j'ai trempé ; le mot n'est pas métaphorique.

Nous étions descendus sur la grève à peu près déserte pour lors ; l'heure des bains et des baigneuses surtout était passée, première contrariété pour moi qui comptais voir beaucoup de naïades. Une vieille petite femme, dont les cheveux blancs encadraient un visage ridé, recueilli sous une capote de toile cirée, s'avançait à la mer pour y ramollir sa vieille peau ; une vaste blouse jaune qui l'enveloppait et qui flottait sur ses membres la faisait ressembler à un caniche qui sortirait d'un bol de café au lait. C'est là la seule baigneuse que j'aie vue à Biarritz, quelle chance !

Comme je marchais le long de l'écume des flots, j'ai vu tout à coup sortir de l'eau un baigneur qui appelait du secours pour deux hommes qui se noyaient au large. Je ne sais où étaient les garde-côtes ; il y avait au loin quelques amateurs qui restaient fort impassibles, on ne se dérangeait guère. À l'instant j'entendis des cris aigus, et une grande femme vêtue de noir, qu'à sa douleur expansive je crus être la mère de ceux qui se noyaient, accourait vers moi avec de grandes lamentations. Quand elle vit que j'ôtais vivement mon habit, elle augmenta ses éclats, me déboutonna mes bottines, m'exhortant à sauver ces malheureux, me comblant de bénédictions et d'encouragements. Je me mis à l'eau assez vivement, mais avec autant de sang-froid que j'en ai quand je nage tous les jours, et si bien que, continuant à nager toujours devant moi dans la direction que l'on m'avait indiquée, j'avais fini tout à coup par oublier que je faisais un acte de dévouement; je n'étais ennuyé seulement que de mon pantalon et de mes bas que j'avais gardés et qui m'embarrassaient dans mes mouvements. À environ cinquante brasses je rencontrai un homme évanoui que deux autres traînaient à terre avec beaucoup de peine. Je me disposai à retourner avec eux et à aider ces braves gens.

– Il en reste encore un second, me dit un d'eux.

– Allons le chercher, lui dis-je.

Et nous continuâmes à nager côte à côte assez vigoureusement, d'abord droit devant nous, puis parallèlement au rivage; mais ne plongeant aucun des deux, que pouvions-nous faire? Un orage s'annonçait par des éclairs; et les vagues (qu'il ne faut pas dire fortes, car je mentirais) nous empêchaient de voir tout ce qui pouvait saillir sur les flots autour de nous.

– C'est fini, me dit un compagnon, il est noyé! [...]

En me promenant dans Fontarabie, je m'ouvrais tout entier aux impressions qui survenaient, je m'y excitais et je les savourais avec une sensualité gloutonne; je me plongeais dans mon imagination de toutes mes forces, je me faisais des images et des illusions et je prenais tout mon plaisir à m'y perdre et à m'y enfoncer plus avant. J'entendis, partant d'une maison dont je rasais le mur, une chanson espagnole sur un rythme lent et triste. C'était sans doute une vieille femme, la voix chevrotait et semblait regretter quelque chose d'évanoui. Je ne voyais rien, la rue était déserte, sur nos têtes le ciel était bleu et radieux, nous nous taisions tous. Que voulait-elle dire, cette chanson espagnole chantée par la vieille voix ? Était-ce deuil des morts, retour sur les ans de jeunesse, souvenirs du bon temps qui n'est plus, des chants de guerre sur ces ruines ou des chants d'amour que fredonnait la vieille femme inconnue ? Elle se tut, et une voix fraîche partit à côté, entonnant un boléro allègre, chaud de notes perlées, chanson de l'alouette qui secoue le matin ses ailes humides sur la haie d'épines ; mais elle ne dura guère, cette voix se tut vite, et le boléro avait été moins long que la complainte. Et nous continuâmes à marcher dans les pierres des rues. On trouve çà et là des puits comblés au milieu des rues, des créneaux dans chaque pan de mur ; on ne sait où on va ; la ville a l'air d'errer aussi et de penser des choses douloureuses.

Voyage en Pyrénées et en Corse

Depuis la place du Vieux-Fort, la vue est imprenable de Fontarabie et Chingoudy. Le quartier des pêcheurs n'est pas loin, tout comme la maison Bakharetchea (« maison du solitaire ») où Pierre Loti s'installa en 1891 lorsqu'il fut nommé commandant du *Javelot*. Il y mourut le 10 juin 1923.

THÉOPHILE GAUTIER

Le rouge antique

Par deux fois, en 1840 et en 1870, Théophile Gautier traverse le Pays basque. Le premier voyage donna un récit dans la Revue des Deux Mondes *(1842) ; le second est à l'origine de* Quand on voyage, *en 1865.*

Lorsque le jour parut, nous étions encore dans les Landes ; mais les pins étaient entremêlés de lièges, arbres que je m'étais toujours représentés sous la forme de bouchons, et qui sont en effet des arbres énormes qui tiennent à la fois du chêne et du caroubier pour la bizarrerie de l'attitude, la difformité et la rugosité des branches. Des espèces d'étangs d'eau saumâtre et de couleur plombée s'étendaient de chaque côté de la route ; un air salin nous arrivait par bouffées ; je ne sais quelle rumeur vague bourdonnait à l'horizon. Enfin une silhouette bleuâtre se découpa sur le fond pâle du ciel : c'était la chaîne des Pyrénées. Quelques instants après, une ligne d'azur presque invisible, signature de l'Océan, nous annonça que nous étions arrivés. Bayonne ne tarda pas à nous apparaître sous la forme d'un tas de tuiles écrasées avec un clocher gauche et trapu ; nous ne voulons pas dire de mal de Bayonne, attendu qu'une ville que l'on voit par la pluie est naturellement affreuse.

Le port n'était pas très rempli; quelques rares bateaux pontés flânaient le long des quais déserts avec un air de nonchalance et de désœuvrement admirable; les arbres qui forment la promenade sont très beaux et modèrent un peu l'austérité de toutes les lignes droites produites par les fortifications et les parapets. Quant à l'église, elle est badigeonnée en jaune serin et en ventre de biche; elle n'a de remarquable qu'une espèce de baldaquin en damas rouge, et quelques tableaux de Lépicier et autres peintres dans le goût de Vanloo.

Bayonne est une ville presque espagnole pour le langage et les mœurs : l'hôtel où nous logions s'appelait la *Fonda San Esteban*. Sachant que nous allions faire un long voyage dans la Péninsule, on nous laissait toutes sortes de recommandations : « Achetez des ceintures rouges pour vous serrer le ventre; munissez-vous de tromblons, de peignes et de fioles d'eau insecto-mortifère; emportez du biscuit et des provisions, les Espagnols déjeunent d'une cuillerée de chocolat, dînent d'une gousse d'ail arrosée d'un verre d'eau, et soupent d'une cigarette de papier; vous devriez bien aussi vous munir d'un matelas et d'une marmite pour vous coucher et faire la soupe. » Les dialogues français-espagnols à l'usage des voyageurs n'avaient rien de très rassurant. Au chapitre du voyageur à l'auberge, on lit ces effrayantes paroles : « Je voudrais bien prendre quelque chose. – Prenez une chaise, répond l'hôtelier. – Fort bien; mais j'aimerais mieux prendre n'importe quoi de plus nourrissant. – Qu'avez-vous apporté ? poursuit le maître de la *posada*. – Rien, répond tristement le voyageur. – Eh bien ! même comment voulez-vous que je vous fasse à manger ? Le boucher est là-bas, le boulanger est plus loin ; allez chercher du pain et de la viande, et, s'il y a du charbon, ma femme, qui s'entend un peu à la cuisine, vous accommodera vos provisions. » Le voyageur, furieux, fait un vacarme effroyable, et l'hôtelier impassible lui porte sur sa carte : 6 réaux de tapage.

La voiture qui conduit à Madrid part de Bayonne. Le conducteur est un *mayoral* avec un chapeau pointu orné de velours et houppes de soie, une veste brune brodée d'agréments de couleur, des guêtres de peau et une ceinture rouge : voilà un petit commencement de couleur locale. À partir de Bayonne, le pays est extrêmement pittoresque ; la chaîne des Pyrénées se dessine plus nettement, et des montagnes aux belles lignes onduleuses varient l'aspect de l'horizon ; la mer fait de fréquentes apparitions sur la droite de la route ; à chaque coude l'on aperçoit subitement entre deux montagnes ce bleu sombre, doux et profond, coupé çà et là de volutes d'écume plus blanche que la neige dont jamais aucun peintre n'a pu donner l'idée. Je fais ici amende honorable à la mer dont j'avais parlé irrévérencieusement, n'ayant vu que la mer d'Ostende qui n'est autre chose que l'Escaut canalisé, comme le soutenait si spirituellement mon cher ami *Fritz*.

Le cadran de l'église d'Urrugne où nous passâmes, portait écrite en lettres noires cette funèbre inscription : *Vulnerant omnes, ultima necat.* Oui, tu as raison, cadran mélancolique, toutes les heures nous blessent avec la pointe acérée de tes aiguilles, et chaque tour de roue nous emporte vers l'inconnu.

Les maisons d'Urrugne et de Saint-Jean-de-Luz, qui n'en est pas très éloigné, ont une physionomie sanguinaire et barbare due à la bizarre coutume de peindre en rouge antique ou sang de bœuf les volets, les portes et les poutres qui retiennent les compartiments de maçonnerie. Après Saint-Jean-de-Luz, on trouve Béhobie, qui est le dernier village français. On fait sur la frontière deux commerces auxquels les guerres ont donné lieu : d'abord celui des balles trouvées dans les champs, ensuite celui de la contrebande humaine. On passe un carliste comme un ballot de marchandises ; il y a un tarif : tant pour un colonel, tant pour un officier ; le marché fait, le contrebandier arrive, emporte son homme, le passe et le rend à destination comme une douzaine de foulards ou un cent de cigares. De l'autre côté de la Bidassoa l'on aperçoit Irun, le premier village espagnol ; la moitié du pont appartient à la France et l'autre à l'Espagne. Tout près de ce pont se trouve la fameuse île des Faisans où fut célébré par procuration le mariage de Louis XIV. Il serait difficile aujourd'hui d'y célébrer quelque chose, car elle n'est pas plus grande qu'une sole frite de moyenne espèce.

Encore quelques tours de roue, je vais peut-être perdre une de mes illusions, et voir s'envoler l'Espagne de mes rêves, l'Espagne du *romancero,* des ballades de Victor Hugo, des nouvelles de Mérimée et des contes d'Alfred de Musset. En franchissant la ligne de démarcation je me souviens de ce que le bon et spirituel Henri Heine me disait au concert de Liszt, avec son accent allemand plein d'humour et de malice : « Comment ferez-vous pour parler de l'Espagne quand vous y serez allé ? »

Quand on voyage, 1865

Urrugne « dont le nom manque à la rime répugne » (Théophile Gautier) fut l'une des plus importantes paroisses du Labourd. La commune abrite le château d'Urtubie dont une même famille est propriétaire depuis 1341. Louis XIV fit du domaine un vicomté en 1654.

RENAUD CAMUS

Demeures de l'esprit en Pays basque

Renaud Camus nous conduit vers « les demeures de l'esprit » du Pays basque : château d'Arcangues, demeure du journaliste-écrivain-poète Guy d'Arcangues (1924-2004), Villa Arnaga, demeure d'Edmond Rostand, château d'Abbadia demeure de l'explorateur, linguiste, lexicographe, astronome Antoine d'Abbadie d'Arrast (1810-1897).

Deux heures, Irun. Je suis allé voir le petit palais d'Irun, qui excitait tellement Stendhal et sa vigilante francophobie : « Je vais passer pour mauvais Français, mais puisque j'ai fait la gageure de préférer la vérité à la bonne réputation, il faut bien dire que, depuis longtemps, je n'ai rien vu qui eût autant de *style*, qui parle autant aux parties nobles de l'âme. (...) Ainsi, je suis tellement ennemi de ma patrie et mauvais Français que le petit palais d'Irun me fait beaucoup plus de plaisir que le grand théâtre de Bordeaux ». Suit une description fort détaillée mais assez approximative, ce dont il s'excuse sur son enthousiasme : « Les mots propres me manquent tant je suis occupé par la sensation. »

Malheureusement, comme les noms de rues sont encore plus mal indiqués ici qu'en France, je ne suis pas sûr que ce que j'ai vu était bien l'objet de ce coup de foudre. Si oui, c'est peu de chose, quoique agrandi récemment.

Ah mais non, grave erreur. Revenu en arrière, j'ai vu le vrai petit palais, au bout de la place dont l'autre occupe un angle. Et de fait il n'a pas mauvaise mine, dans le goût italien qui à Stendhal sert de critère absolu. Mais la ville, détruite en 1938, est très laide. J'ai tellement faim que j'en ai mal à la tête ; mais pas d'argent espagnol.

Stendhal exagère au moins autant à célébrer ce petit palais que moi à faire l'éloge des halles de Foix.

Je suis revenu à Béhobie pour voir l'île des Faisans, que j'avais dépassée tout à l'heure sans même m'en rendre compte. Elle porte maintenant de nombreux petits arbres, contrairement à ce qu'avait constaté mon guide en 1839, et un monument. Sur la rive française, lotissement ; sur la rive espagnole, chantiers ; le tout hideux. Aucun pont ne relie l'île au rivage. Les bords ont été consolidés, crainte sans doute qu'elle ne disparaisse. N'étaient les arbres, elle aurait l'air d'un petit sous-marin échoué.

Quatre heures moins le quart, Saint Jean-de-Luz, au Café suisse. J'ai très mal à la tête pour avoir laissé passer l'heure traditionnelle de mon déjeuner.

Hendaye a un ex-grand hôtel très présentable, un casino mauresque et, au nord, le château d'Abbadia, construit vers 1870 par M. d'Abbadie d'Arrast. De la plage, il a l'air tout à fait anglais. Devant lui s'étale un beau cap couvert de gazon, étonnamment épargné, comme l'a été jusqu'à présent la côte, presque jusqu'à

Socoa et Ciboure. Rocheuse et verte, elle ressemble au *17 Mile Drive*, entre Carmel et Monterey, sur le Pacifique.

J'oubliais à Hendaye la dernière maison de Loti, les pieds dans l'eau comme un palais sur le Bosphore, et qui regarde la belle église de Fontarabie. Loti en France est plutôt associé pour moi à Rochefort, mais Barthes, dans sa préface à *Aziyadé*, à laquelle Duparc et moi et ce journal revenons toujours, et pour cause, l'évoque à Hendaye, et son goût du bric-à-brac et du travesti.

J'ai vu à Ciboure la maison natale de Ravel, que d'ailleurs je vois encore d'ici, par-dessus le port, en écrivant ceci : seule en pierre de taille sur son quai, et de loin la plus ambitieuse d'inspiration parmi des maisons basques ; elle attirerait de toute façon le regard ; son style pourrait être pris pour hollandais. Derrière elle, deux ou trois rues aux maisons blanches et rouges, ou blanches et vertes, sont très pittoresques et très gaies.

[...]

L'église de Ciboure est située exactement derrière la maison de Ravel, dans son axe.

Le Café suisse occupe une partie du rez-de-chaussée de la Maison du Roi. La Maison de l'Infante, rose et blanche et qui regarde le port, est plutôt plus jolie, et elle l'est extrêmement.

Le clocher de l'église de Ciboure se détache sur une belle prairie en pente, derrière lui, elle-même couronnée d'arbres.

La plage de Saint-Jean-de-Luz n'est dominée que par une digue-jetée, et non pas un boulevard comme d'habitude.

L'église du mariage de Louis XIV, qui a été presque

entièrement reconstruite depuis lors, a une nef où s'étagent pittoresquement trois galeries à balustrade, en bois, de chaque côté. Cas extrême de sacralisation monarchique, la porte franchie par le couple royal a été murée aussitôt après la cérémonie, et l'est restée.

Il règne sur le port une odeur de poisson extrêmement convaincante.

Cinq heures et demie, Guéthary, bien niaise petite station. La maison où vécut et mourut Toulet est assez jolie, petite, carrée, très simple, dans un jardin fleuri d'hortensias. Mais un immonde roquet hystérique m'aboie, quand je ne suis qu'à la porte, sur l'avenue, et son maître me dévisage, sans un mot pour le calmer.

Six heures et quart, à la tombe de Toulet, à gauche à l'entrée de l'église, à Guéthary. Une plaque presque illisible porte : « À Paul-Jean Toulet, hommage fraternel des Créoles de l'île Maurice. » *(Maurice, où la mer chante, et dorment les oiseaux.)* La tombe elle-même est très bien entretenue et porte un médaillon du poète. Y déposerai-je, en guise de minuscule funéraire anthologie, ma favorite prose, de lui, une phrase de *Mon amie Nane* qui voyage avec moi depuis presque vingt ans et que je ne maltraite pas trop, j'espère, et le début, car j'ai déjà cité la fin, de mon poème favori, avant même *Les Aliscans ?*

« Aux jours inclinés de l'automne, qui nous font sentir notre solitude aux bras mêmes de notre maîtresse, courons contempler les beaux yeux des phoques, et nous étonner de l'obscure tristesse que témoignent dans leur vasque ces animaux au cœur si doux, les frères des chiens et les nôtres. »

La vie est plus vaine une image
Que l'ombre sur le mur.
Pourtant l'hiéroglyphe obscur
Qu'y trace ton passage

M'enchante, et ton rire pareil
Au vif éclat des armes ;
Et jusqu'à ces menteuses larmes
Qui miraient le soleil.

Mourir non plus n'est ombre vaine.
La nuit, quand tu as peur,
[...]

Journal d'un voyage en France

Renaud Camus nous entraîne aussi entre Biarritz et Bidart : « S'étale encore au-dessus des flots du golfe de Gascogne, entre des prairies miraculeusement préservées, le palais Sacchino, aussi horizontal que Biarritz est vertical, bien qu'autrement plus classique de la reine Nathalie de Serbie il passa, devenu Pavillon royal, au pareur, avionneur Latécoère qui en fit « les Ailes ». (*Demeures de l'esprit*, France I, Sud-Ouest, Fayard 2008)

ROLAND BARTHES

« Bayonne, ville parfaite »

Né à Bayonne en 1915, l'écrivain et sémiologue Roland Barthes, auteur des fameuses Mythologies, *a conservé un souvenir ému de son enfance au Pays basque dans une maison, écrivait-il, « emportée par l'Immobilier bayonnais », et aujourd'hui disparue.*

Mon troisième Sud-Ouest est encore plus réduit c'est la ville où j'ai passé mon enfance, puis mes vacances d'adolescent (Bayonne), c'est le village où je reviens chaque année, c'est le trajet qui unit l'une et l'autre et que j'ai parcouru tant de fois, pour aller acheter à la ville des cigares ou de la papeterie, ou à la gare chercher un ami. J'ai le choix entre plusieurs routes ; l'une, plus longue, passe par l'intérieur des terres, traverse un paysage métissé de Béarn et de Pays basque ; une autre, délicieuse route de campagne, suit la crête des coteaux qui dominent l'Adour ; de l'autre côté du fleuve, je vois un banc continu d'arbres, sombres dans le lointain : ce sont les pins des Landes ; une troisième route, toute récente (elle date de cette année), file le long de l'Adour, sur sa rive gauche : aucun intérêt, sinon la rapidité du trajet, et parfois, dans une échappée, le fleuve, très large, très doux, piqué des petites voiles blanches d'un club nautique. Mais la route que je préfère et dont je me donne souvent volontairement le plaisir, c'est celle qui suit la rive droite de l'Adour ; c'est un ancien chemin de halage, jalonné de fermes et de belles maisons. Je l'aime sans doute pour son naturel, ce dosage de noblesse et de familiarité qui est propre au Sud-Ouest ; on pourrait dire que, contrairement à sa rivale de l'autre rive, c'est encore une vraie *route,* non une voie fonctionnelle de communication, mais quelque chose comme une *expérience* complexe, où prennent place en même temps un spectacle continu (l'Adour est un très beau fleuve, méconnu) et le souvenir d'une pratique ancestrale, celle de la marche, de la pénétration lente et comme rythmée du paysage, qui prend dès lors d'autres proportions ; on rejoint ici ce qui a été dit au début, et qui est au fond le pouvoir qu'a ce pays de déjouer l'immobilité figée des cartes postales : ne cherchez pas trop à photographier : pour juger, pour aimer, il faut venir et rester, de façon à pouvoir parcourir toute la moire des lieux, des saisons, des temps, des lumières.

Incidents

Dans le *Roland Barthes par lui-même* (éditions du Seuil), l'auteur légende ainsi un tram : « Le museau blanc du tram de mon enfance », et évoque son trajet : « Souvent, le soir, pour rentrer, crochet par les Allées marines, le long de l'Adour : grands arbres, bateaux en déshérence, vagues promeneurs, dérive de l'ennui : il rôdait là une sexualité de jardin public. »

DE LA SOLITUDE TRANSATLANTIQUE ET DE L'ARRIÈRE-PAYS

CLAUDE NOUGARO

« Pavane à Ravel »

Le célèbre chanteur toulousain, plus proche de son « océan de Garonne » que des bords atlantiques, nous propose cette « pavane à Ravel ».

Elle vient de Saint Jean-de-Luz
Cette muse
Aux yeux noyés de nuit
Parmi pécheurs et méduses
Déployant ses voiles, à croire
Toujours qu'elle me suit

Sur une pavane de Maurice Ravel
Elle sait me trouver
Ma fidèle et douce amie
Pas besoin que je l'appelle Mélancolie
Elle a mille façons d'être câline
Pour Miles Davis, le blues
Pour Baudelaire, le spleen

Ravel, dis, combien d'artistes
Sont morts
Célèbres ou maudits
Combien sont sur la liste
Des amours tristes de la Mélancolie

Sur une pavane de Maurice Ravel
Elle sait me trouver
Ma fidèle et douce amie
Pas besoin que je l'appelle
Mélancolie

C'est dit

Ravel commença la composition du fameux *Boléro* en 1928 à Saint-Jean-de-Luz. En 1938, Gustave Sama Zeuich écrit dans *La revue musicale* : « Je goûtais le savoureux spectacle de voir Ravel en peignoir jaune et en bonnet rouge écarlate me jouant avant d'aller prendre notre bain matinal le thème de *Boléro* et me disant : "Madame Rubinstein me demande un ballet. Ne trouvez-vous pas que ce thème a de l'insistance ?"... »

MARIE DARRIEUSSECQ

Terre et mer

Née à Bayonne le 3 janvier 1969, Marie Darrieussecq est notamment l'auteur de Précisions sur les vagues, Truismes, Le mal de mer...

Est-ce la mer qui arrive sur la côte ? Ou la côte qui arrive sur la mer ? Est-ce la terre qui interrompt la masse de l'eau, ou l'eau qui limite la terre ? Je me tiens devant la mer, la mer de chez moi, celle qui touche la côte basque et me sert de repère pour regarder les autres mers. En face il y a l'Amérique, mais d'abord, à quelques milles à peine, de très profondes fosses, une fracture, un mur jusqu'au fond de l'eau. Au Nord, il y a la forêt. Au Sud, la frontière de l'Espagne. À l'Est, la masse du continent. À l'Ouest tout est bleu. Le regard est happé par ce bleu qui ouvre la géographie d'angle. C'est à cause de ce coin peut-être, un angle droit, qu'il y a autant de vagues; à cause du mur des fosses aussi, qui brise l'eau dans la profondeur. C'est une mer en forme de dièdre.

Les vagues ici sont des *rouleaux*. La plage descend doucement. L'eau se tient nettement au-dessus et s'effondre pour pouvoir toucher terre, pour faire la jointure : sinon l'espace béerait. Le vide au cœur du rouleau, celui que les surfeurs nomment : le *tube,* est cet espace béant qui resterait ouvert si la mer ne touchait pas terre. Le tube marque la place éphémère du vide, avant la fermeture, avec fracas, de la matière.

Précisions sur les vagues

VICTOR JOSEPH ÉTIENNE DIT DE JOUY

La Chambre d'Amour

Bien avant Tintin ou Heidi, Victor Joseph Étienne dit de Jouy (1764-1846) invente le personnage de « L'Hermite » (de la chaussée d'Antin, de Guyane). Celui de province voyage justement en Pays basque entre mars et mai 1817 et nous conte la légende de la Chambre d'Amour.

Que le hasard eût conduit dans ce lieu sauvage un froid observateur, même un poète enthousiaste, ils n'eussent été frappés que de la grandeur des objets offerts à leurs yeux ; ce demi-cirque dont la mer paraît être la scène, cet amphithéâtre d'où il semble que Neptune ait voulu donner à l'homme le spectacle de ce vaste Océan qui baigne les deux hémisphères, auraient seuls arrêté leurs regards. Nos jeunes amants embellissent cette effrayante solitude de toutes les illusions où leur âme se noie : ces noirs rochers s'éclairent de tous les feux dont ils brûlent ; ce formidable Océan qui gronde au loin est une barrière que l'amour a mis entre eux et le reste du monde ; ces couches d'un sable fin, ces amas de coquilles brisées qui s'étendent en lits, qui s'élèvent en sièges, invitent Saubade et Laorens aux charmes d'un repos bientôt enivré de tous les songes de l'amour. Dans cet oubli de l'univers, dans cette tourmente d'un sentiment qui leur révèle une existence hors de la nature, ils n'ont pas vu s'amonceler les nuages; ils n'ont pas entendu les vents gronder sur les flots et les pousser sur ce rivage au-delà des limites où chaque jour ils s'arrêtent. La voix du tonnerre les avertit en vain du péril qui les menace. Laorens a frémi pour ce qu'il aime; mais Saubade, tout entière à cette vie d'amour dont elle ne doit jouir qu'un moment, ne permet pas à un autre sentiment d'approcher de son âme : elle a pressé son amant sur son sein, elle ne connaîtra plus la crainte.

Cependant les vagues s'élèvent et se roulent avec fureur jusqu'à l'entrée de la grotte qui leur sert d'asile. « Ô ma bien-aimée ! (s'écrie Laorens en la portant sur un angle intérieur du rocher où l'eau ne pouvait encore atteindre) la mort t'environne, la tempête redouble, tout espoir est perdu. – Je n'ai jamais formé qu'un vœu (reprit la tendre fille en souriant du sourire des anges), celui de vivre et de mourir avec Laorens; demain cet espoir m'eût été enlevé : aujourd'hui, je suis à toi, à toi pour toujours !... » Laorens s'était avancé à la nage vers l'entrée de la grotte, envahie par les flots, pour s'assurer s'ils pourraient encore s'y frayer un passage. Tout est submergé, partout la mer, la mer terrible, s'ouvre en abîmes ou s'élève en montagnes; les flots le poursuivent et le rejettent avec fureur dans l'enceinte du rocher, qu'ils remplissent à la hauteur de la pointe où la jeune amante les brave encore; elle présente la main à Laorens pour remonter près d'elle, le serre contre son cœur, et l'embrasant de tout son courage. « Vois-tu, lui dit-elle, cette vague énorme qui s'avance en mugissant : c'est la mort... » Elle dit : leurs bras s'enlacent, leurs bouches s'unissent, et la mer a dévoré sa double proie. Longtemps battus par les flots, qui ne purent les séparer, Saubade et Laorens furent rejetés sans vie près du rocher qui fut à la fois pour eux un temple et un tombeau. C'est depuis ce temps que cette grotte, consacrée par le souvenir de cet événement funeste, a reçu le nom qu'elle porte encore de *Chambre d'Amour.*

L'Hermite en province, 1818

Francis Amunategui écrit sans flon-flon dans son *Pays basque* (éditions Sun, 1975) : « Quant à la chambre d'Amour il ne faut pas faire trop galoper notre imagination. Il s'agit d'une plage où jadis il existait une excavation quasi comblée maintenant, où les deux éternels amants de tous les folklores de la terre périrent, surpris par l'arrivée soudaine de la marée. Ils s'appelaient Laorens et Saubade. C'est tout ce que l'on connaît d'eux. » Un demi-siècle plus tôt Jacques-Henri Lartigue photographiait en 1927 la piscine de la Chambre d'Amour ajoutant une pièce de talent à une légende qui a sa littérature et son iconographie.

BERNADETTE PÉCASSOU

Une villa suspendue au-dessus de l'océan

Originaire des Pyrénées, femme de lettres et journaliste, auteur de plusieurs romans, Bernadette Pécassou situe l'action de son histoire sur la côte basque, à Biarritz dans une villa dangereusement perchée au-dessus de l'océan : la Villa Belza.

La Villa dominait la côte Atlantique et on pouvait la voir de n'importe où, que l'on soit à Biarritz ou que l'on se dirige vers la route de la corniche en direction de Guéthary et de Saint-Jean-de-Luz. Impossible d'y échapper, elle était incontournable et chacun pouvait mesurer le défi qu'elle représentait.

Maurice Caron savait que la haute stature de sa maison face aux eaux déchaînées de l'océan provoquait des interrogations effrayées. On attendait le moment où une tempête plus forte qu'une autre l'engloutirait dans les flots. Et, dans son for intérieur, il riait. Le bâtiment, c'était toute sa vie.

Construite sur un énorme rocher gris qui avançait en pointe, la Villa se trouvait comme suspendue au-dessus de l'océan. Sous le rocher, on devinait que les eaux avaient commencé leur lent et inexorable travail d'usure.

Ils étaient là, dans ce salon de la Villa face à la baie vitrée qui donnait sur l'immensité. Sophie imaginait les gouffres liquides sous ses pieds cependant que Maurice fixait l'horizon avec un air de provocation. Il imaginait un cataclysme, le pays dévasté, la ville de Biarritz en ruines et il voyait nettement au milieu des gravats sa Villa qui avait résisté, debout, seule face à la mer en furie. Il inspira longuement et, sûr de lui, sûr de ses pieux en acier, il gonfla ses poumons. Sophie regardait l'homme auquel elle avait lié sa vie avec un mélange d'admiration et de perplexité. Maurice était un entrepreneur audacieux, homme du bâtiment il avait une confiance inébranlable dans les nouveaux matériaux, les nouveaux modes de construction. On avait fait tant de chemin en même pas une décennie. Aujourd'hui, on cassait la pierre jusqu'à en faire du sable si fin qu'en y adjoignant de l'eau et en mettant le tout à tourner pendant des heures et des jours, on obtenait quelque chose de plus dur que la pierre. Le béton, c'était l'avenir. Maurice devait avoir raison.

En se replongeant dans le plan d'architecte qu'il avait emporté, elle fit une autre découverte :

– Et là, ajouta-t-elle en pointant son doigt à l'endroit de la mer juste face à la Villa, qu'est-ce qu'il y a d'écrit ? *Debriaren ziloa.*

– C'est juste un vieux nom que les Basques ont donné à ce coin de la baie et qu'on a mis sur le plan pour situer le lieu, répondit Maurice.

– Ah ! fit Sophie. Et qu'est-ce que ça veut dire « *Debriaren ziloa* » ?

– Aucune idée, répondit Maurice.

– Tu n'as pas demandé ? insista-t-elle, intriguée.

– Tu sais les noms basques ici il y en a à tous les coins de rue. S'il fallait que je demande leur traduction à chaque fois ! Ça n'est pas toujours agréable, mais c'est comme ça. Les Basques mangent basque, pensent basque et parlent basque devant toi sans que tu n'y comprennes rien. Tiens je suis sûr qu'ils vont jusqu'à respirer basque.

La Villa Belza

C'est sur l'une des roches Cachaous que se dresse la Villa Belza, emblème du paysage biarrot, construite par Alphonse Bertrand et réaménagée dans les années 30 alors qu'elle devenait le Château basque, célèbre restaurant russe des années folles. Récemment réhabilitée, face aux vagues de la côte des Basques, la Villa peut désormais être louée…

JULES SUPERVIELLE

«Coucher de soleil basque»

En octobre 1884, les parents de Jules Supervielle meurent accidentellement à Oloron-Sainte-Marie, sans doute empoisonnés par l'eau d'un robinet vert-de-grisé bue à Saint-Christau, ou victimes de choléra. Jules n'a pas un an… Sa grand-mère maternelle l'élèvera pendant deux ans avec l'aide de l'institutrice Marie Eyheralde à Saint-Jean-Pied-de-Port. Il passe l'été 1911 au Pays basque à Ustarritz. En 1926 il effectue en compagnie de Michaux un voyage à Saint-Jean-Pied-de-Port et à Oloron-Sainte-Marie, où sont enterrés ses parents et où lui-même repose depuis le 17 mai 1960.

COUCHER DE SOLEIL BASQUE

Le soleil bas, à flots bouleversés, déferle;
Et le ciel épuisé par sa pourpre et ses fleurs
Passe insensiblement du rubis à la perle;
Un grave repentir pénètre les couleurs.

L'azur devient lilas et l'écarlate rose;
Et les meules de foin qui gaspillaient leurs ors
Semblent se recueillir. Le chemin se repose
D'avoir été si blanc comme d'un grand effort.

Un fleuve de blé mûr coule entre les collines,
Il n'est plus, maintenant, mille fois hérissé,
Et roule du velours en transparences fines.
Son éclat en pâleurs légères a passé.

C'est l'heure où, chaque jour, dans une étreinte pure
La Montagne et le Ciel mêlent leurs chevelures...

*

De ma chambre sereine au parquet bien lustré
Au grave ameublement doucement ridicule,
Où chaque objet a l'air sous globe de pendule,
Comme la haute Vierge et le vase doré,

J'entends le matin vif voleter dans les branches.
La voix du coq forgée aux braises de l'été
Égrène ses rubis sous le ciel velouté
Et, gravissant l'air frais, jusqu'à mon lit se penche.

Une poule qui vient de pondre dans le champ
Martèle un gloussement de mère satisfaite
Et soudain un pigeon bleu a rayé le faîte
De ma fenêtre ouverte au matin grandissant.

Poèmes,
Bibliothèque de la Pléiade

HIPPOLYTE TAINE

« La plage dorée ondule doucement et ouvre ses golfes aux rides de la mer... »

C'est en historien et en philosophe qu'Hippolyte Taine, à peine âgé de trente ans, voyage en Pays basque. Au soleil de son style viendront s'ajouter de belles illustrations de Gustave Doré.

BIARRITZ – SAINT-JEAN-DE-LUZ

À une demi-lieue, au tournant d'un chemin, on aperçoit un coteau d'un bleu singulier : c'est la mer. Puis on descend, par une route qui serpente, jusqu'au village.

Triste village, sali d'hôtels blancs réguliers, de cafés et d'enseignes, échelonné par étages sur la côte aride ; pour herbes, un mauvais gazon troué et malade ; pour arbres, des tamaris grêles qui se collent en frissonnant contre la terre ; pour port, une plage et deux criques vides. La plus petite cache dans son recoin de sable deux barques sans mâts ni voiles, qu'on dirait abandonnées.

L'eau ronge la côte ; de grands morceaux de terre et de pierre, durcis par son choc, lèvent à cinquante pieds du rivage leur échine brune et jaune, usés, fouillés, mordus, déchiquetés, creusés par la vague, semblables à un troupeau de cachalots échoués. Le flot aboie ou beugle dans leurs entrailles minées, dans leurs profondes gueules béantes ; puis, quand ils l'ont engouffré, ils le vomissent en bouillons et en écume, contre les hautes vagues luisantes qui viennent éternellement les assaillir. Des coquilles, des cailloux polis, se sont incrustés sur leur tête. Les ajoncs y ont enfoncé leurs tiges patientes et le fouillis de leurs épines ; ce manteau de bourre est seul capable de se coller à leurs flancs, et de durer contre la poussière de la mer.

À gauche, une traînée de roches labourées et décharnées s'allonge en promontoire jusqu'à une arcade de grève durcie, que les hautes marées ont ouverte, et d'où la vue par trois côtés plonge sur l'Océan. Sous la bise qui siffle, il se hérisse de flots violâtres ; les nuages qui passent le marbrent de plaques encore plus sombres ; si loin que le regard porte, c'est une agitation maladive de vagues ternes, entrecroisées et disloquées, sorte de peau mouvante qui tressaille tordue par une fièvre intérieure ; de temps en temps, une raie d'écume qui les traverse marque un soubresaut plus violent. Çà et là, entre les intervalles des nuages, la lumière découpe quelques champs glauques sur la plaine uniforme ; leur éclat fauve, leur couleur malsaine, ajoutent à l'étrangeté et aux mesures de l'horizon. Ces sinistres lueurs changeantes, ces reflets d'étain sur une houle de plomb, ces scories blanches collées aux roches, cet aspect gluant des vagues donnent l'idée d'un creuset gigantesque, dont le métal bouillonne et luit.

Mais vers le soir l'air s'éclaircit et le vent tombe. On aperçoit la côte d'Espagne et sa traînée de montagnes adoucie par la distance. La longue dentelure ondule à perte de vue, et ses pyramides vaporeuses finissent par s'effacer dans l'ouest, entre le ciel et l'Océan. La mer sourit dans sa robe bleue, frangée d'argent, plissée par le dernier souffle de la brise ; elle frémit encore, mais de plaisir, et déploie cette soie lustrée, chatoyante, avec des caprices voluptueux sous le soleil qui l'échauffe. Cependant des nuages sereins balancent au-dessus de lui leur duvet de neige ; la transparence de l'air les entoure d'une gloire angélique, et leur vol immobile fait penser aux âmes du Dante arrêtées en extase à l'entrée du paradis. [...]

Voyage aux eaux des Pyrénées, 1863

DU SENTIMENT GÉOGRAPHIQUE ET DE LA GÉOPOÉTIQUE

STENDHAL

Le pont de la Bidassoa

Romancier, Stendhal aimait à parcourir la France au point de faire paraître en 1838 Mémoire d'un touriste. *La même année il publie* Le Journal de voyage de Bordeaux à Valence. *Fragments.*

… Jolies petites vallées en quittant Bayonne, couronnées par d'agréables maisons de campagne appartenant aux négociants de Bayonne. Il y en a beaucoup de riches, me dit mon procureur narquois (capitaine-trésorier). À Bayonne personne n'a une maison tout à fait de luxe (je disais hôtel, mon procureur comprend auberge). Les plus riches louent le rez-de-chaussée de leur maison qui fait magasin. Beaucoup de riches juifs, ajoute le procureur.

Enfin je vois la mer à droite de la route et à petite distance. Vrai plaisir ; je ne l'ai aperçue que de bien loin à Pauillac. Elle a de grosses vagues blanches ; elle est furieuse à cause des effroyables rafales de vent d'ouest ; il fait soleil et il pleut toutes les heures. J'ai essuyé trois averses aujourd'hui sans tenir mon parapluie ouvert.

À dix heures nous sommes à Saint-Jean-de-Luz ; on passe deux ponts.

Sur les deux branches du port, la mer a déjà mangé la

moitié de la ville. Ce que j'ai entrevu de la ville près du port est singulier. Pas de murs mitoyens. Chaque maison est séparée de la voisine par un espace vide d'un pied ; les incendies doivent être rares.

Les volets des fenêtres ont de forts crochets qui les retiennent à distance formant un angle de 45 degrés avec le mur. Plusieurs maisons portent la date de leur construction au-dessus de la porte ; l'inscription est sur pierre et les lettres sont saillantes. Je remarque une maison de 1670. Les fenêtres et volets sont en rouge sang de bœuf tirant sur le noir.

Un singulier petit château qui fait l'angle de la place et contre lequel on passe en allant en Espagne, a des petites tours carrées, portées en encorbellement sur les angles à droite et à gauche. Cela est hardi.

Je trouve les bœufs, vaches, ânes et chevaux du Pays basque bien petits, bien laids, bien faibles. On m'apprend que c'est là un des malheurs du pays. On me dit que M. le Maire de Saint-Jean est depuis treize ans à Paris, pour solliciter le paiement de ce que l'armée française a pris au pays en rentrant d'Espagne en 1823 et 24.

Si M. le Ministre de l'Intérieur n'avait pas à s'occuper d'élections, il pourrait songer à améliorer le bétail du Pays basque. Envoyer des étalons et annoncer qu'en 1845 on percevra un impôt de cinq sous par tête de bétail non amélioré. Envoyer l'espèce de vache suisse ou de la race de Derby, après avoir demandé à M. Arago laquelle convient le mieux au Pays basque.

Après Saint-Jean-de-Luz, belle maison de campagne sur la route à droite. Elle a une allée de platanes sur le bord de la route. Les collines, d'abord légères en sortant de Bayonne, prennent plus de caractère à mesure qu'on avance, sans cependant rappeler jamais en aucune façon les collines des Alpes.

Avant d'arriver à Saint-Jean-de-Luz, nous avions aperçu la montagne de Run ou de Rhune, la plus haute du Pays basque, mais de gros nuages gris l'interceptaient à moitié. De Saint-Jean-de-Luz à Béhobie les collines se changent en montagnes; mais rien de grand. Comme je m'en plaignais, on m'indique une vallée par laquelle on aurait aperçu, s'il n'y avait pas eu de nuages, les montagnes couvertes de neige des Pyrénées, vers Saint-Jean-Pied-de-Port (pied de passage. Longtemps j'ai cru que le port Lapice, dans Don Quichotte, était un port de mer et ne concevais pas un port de mer dans la Manche; je supposais le chevalier de la triste figure vers Algésiras).

À 11 heures et demie, je suis arrivé à une rue enterrée dans les collines et dont les maisons sont bien bâties. Il pleut; je vois un pont de bois peint en rouge : c'est le fameux pont de la Bidassoa. À la droite du pont, je vois une île couverte de gazon qui sort à peine de deux pieds hors de l'eau; c'est l'île des Faisans où Louis XIV vint se marier, me dit mon guide. Cette île qui est intacte n'a pas cent pieds de long et ne possède pas un arbre. Le chemin arrive par un demi-cercle au pont de bois de la Bidassoa qui est à peu près nord et sud (un peu sud-est et nord-ouest). Ce pont est peint en rouge. La rivière est peu large et quand les *christinos* détruisaient à coups de canons la maison fortifiée des carlistes au bout du pont, ce devait être un beau tapage à Béhobie. Le chemin est bien entretenu en pierres cassées, les maisons bien blanchies et solides. Il y a un petit fossé pavé en petites pierres plates à gauche du chemin, contre les maisons adossées à la colline.

Obligeance parfaite de M. le commissaire de police qui occupe une maison on ne peut mieux située pour ces frontières, à gauche au bout du pont.

Journal de voyage de Bordeaux à Valence en 1838

C'est à l'île des Faisans que furent signés les Traités des Pyrénées en 1656 et le contrat de mariage de l'infante Marie-Thérèse avec Louis XIV faisant son entrée à Saint-Jean-de-Luz le 8 mai 1660 escorté notamment de d'Artagnan et de ses mousquetaires. Le général de Gaulle mentionne, dans ses *Mémoires d'espoir*, le rôle de cette île dans les nouvelles relations établies avec le général Franco : « Justement – événement majeur et de taille ! – l'Espagne envoie par deux fois officiellement en France son ministre des Affaires étrangères, Fernando Castiella qui a, entre-temps et avec quelque solennité rencontré dans l'île des Faisans, sur la Bidassoa, Maurice Couve de Murville » (le ministre français des Affaires étrangères).

VIOLLET-LE-DUC

Village sur les bords de la Nive

Viollet-le-Duc, avant d'être le constructeur du château d'Abbadia en 1870, fut un marcheur pyrénéen. C'est ainsi qu'en 1833 il traverse les villages du Pays basque Nord, occasion d'écrire des lettres mais aussi de garnir son carnet d'aquarelles.

14 juin

Hier nous étions à Biarritz, par un ciel orageux et brûlant; les impressions de cette journée me resteront éternellement gravées dans la mémoire. Quelle grandeur ! Donnez donc l'idée de cet endroit par des descriptions ou même des dessins, cela est impossible. Quelles couleurs admirables, et comment, lorsqu'il existe des endroits comme ceux-là au monde, des hommes sont-ils assez fous pour aller vivre au quatrième étage dans la rue Saint-Martin; je ne veux pas penser à la rue Saint-Martin car cela me gèle le cœur.

[...]

Pau, le 25 juin 1833

Le 17 au matin nous sommes donc partis de Bayonne pour la montagne, devant aller jusqu'à Saint-Étienne-de-Baïgorry le jour même; le temps était maussade, et à quelque distance de Bayonne une petite pluie fine nous prit. Nous n'avions emporté avec nous qu'un havresac, nos cartons et peu d'argent. Ce temps-là, joint à l'incertitude de notre voyage à pied, nous préoccupait un peu; cependant une fois arrivés à Cambo, village sur les bords de la Nive et situé au commencement des montagnes, la beauté du pays nous tira de nos réflexions, et malgré la pluie je fis deux dessins. Là commencent les montagnes du Pays basque, là aussi la Nive devient un gave et sort d'une petite vallée assez étroite qui s'enfonce dans les montagnes. Là commence cette végétation noire et abondante des montagnes; des châtaigniers, des chênes admirables et de la fougère, tout cela lorsque nous passions dégouttants d'eau. Le temps se couvrait de plus en plus, et lorsque nous demandions notre route aux habitants, ils ne comprenaient qu'avec bien de la peine. Enfin après cinq heures de marche nous étions à ltxassou, village dont les maisons sont dispersées dans une vallée assez grande et bordée de belles montagnes. Après bien des peines et des discours non compris, nous arrivâmes à une auberge; la femme de l'aubergiste seule comprenait le français, et nous lui demandâmes du vin et de la soupe; toute la cuisine basque des paysans (qui se borne à très peu de chose) est poivrée de manière à emporter la bouche; leur vin même semble avoir un goût de poivre ou de piment.

Après nous être reposés un peu à ltxassou, nous nous sommes remis en marche, toujours par la pluie; nous remontions la Nive vers un endroit admirable appelé le Pas de Roland. Au travers d'une énorme montagne de schiste la Nive s'est creusée un lit en serpentant au milieu de ces rochers; elle mugit avec un bruit comme le tonnerre, et ses bords formant deux grands talus de rochers laissent croître au milieu d'eux quelques arbres et des fougères. Le sentier que nous suivons, tantôt élevé au-dessus du torrent, tantôt à son niveau, présente des aspects admirables et variés à chaque pas. Quoique le temps nous pressât un peu je fis là encore un dessin, et nous continuâmes notre route. Nous tendions alors vers un village appelé Bidarray, toujours en remontant la Nive. Après le Pas de Roland elle coule dans une vallée plus large, au milieu d'une végétation admirable; quelques cabanes écartées au milieu de cette verdure, quelques vignes courant au milieu des arbres et des chiens insupportables par leurs hurlements, voilà tout ce que nous vîmes jusqu'à ce que la vallée de la Nive se resserrant, ne nous laissa plus apercevoir que de grandes montagnes à pic, le sentier rocailleux où nous marchions, et bien au-dessous de nos pieds, la Nive qui ne nous envoyait plus qu'un bruit sourd et vague et une vapeur légère qui s'élevait de son écume. Le temps était toujours mauvais; vers 5 heures nous étions à Bidarray, épuisés par notre marche, le temps, et les sentiers presque impraticables sur lesquels nous marchions depuis midi.

Lettres inédites de Viollet-Le-Duc
Librairies et imprimeries réunies, Paris, 1902

Site occupé dès l'époque préhistorique, Biarritz dut successivement sa notoriété à la lucrative pêche à la baleine, à l'irruption des bains de mer dès la fin du XVIIIe siècle, à la villégiature impériale (construction de la Villa Eugénie résidence d'été de Napoléon III et d'Eugénie de Montijo, transformée en Hôtel-Casino et inauguré le 14 juillet 1881 avant d'être ravagé par un incendie en 1903 puis reconstruit et réouvert le 20 mars 1905) et à l'aristocratie européenne qui s'y donnait rendez-vous jusqu'en 1914. Quant au village d'Ixtassou, Jean-Paul Sartre et Simone de Beauvoir y séjournèrent en 1938. Celle-ci évoque l'auberge Teillerie dans *La force de l'âge* : « On avait construit parmi les feuillages une plate-forme où Sartre s'installait pour travailler pendant que je courais les collines des environs. »

JULES VERNE

Géographie du Pays basque

Encouragé par son éditeur Hetzel, Jules Verne décide de se lancer dans la rédaction d'un ouvrage où chaque département est illustré et présenté de façon méthodique avec sa « situation », son « climat », sa « superficie ». Le Pays basque y trouve sa place sous le titre « Pyrénées – Basses » (devenu plus tard Pyrénées-Atlantiques avec son emblématique immatriculation devenue marqueur de mode et de certains produits, 64).

ARRONDISSEMENT DE BAYONNE

Bayonne (26 333 hab.), sous-préfecture, chef-lieu de l'arrondissement, divisé en deux cantons, est une place de guerre de première classe, située sur l'Adour et la Nive, à 107 kilomètres de Pau. Un décret de 1857 a annexé à Bayonne la petite localité de Pont-Saint-Esprit, qui appartenait jusque-là au département des Landes. La ville a conservé quelques vestiges de son enceinte gallo-romaine; elle est bien bâtie, placée dans une situation pittoresque et riche en points de vue, et elle possède d'agréables promenades, telles que les allées marines, les quais de la Nive, etc. Sa cathédrale gothique qui fut commencée au XIIe siècle, et un cloître du XVIe siècle sont classés parmi les monuments historiques. On remarque aussi les restes du château vieux, que dominent encore quatre tours rondes.

Le port de Bayonne, malheureusement coupé par une barre à l'embouchure de l'Adour, n'est accessible qu'aux navires de 600 tonneaux ; son mouvement maritime est représenté par 2 000 bâtiments, jaugeant 100 000 tonneaux, et 600 caboteurs, jaugeant 40 000 tonnes. Son industrie comprend la construction des navires, les fabriques de chocolat, de bouchons, de jambons, de limousines, les savonneries, etc., et son commerce porte principalement sur les céréales, les farines, les légumes, les vins, le poisson, et il est très suivi avec l'Espagne.

L'origine de Bayonne n'est pas historiquement constatée avant le XIe siècle. Au XIIIe siècle, cette ville fut prise par les Anglais, que les habitants chassèrent à l'époque des victoires de Charles VII ; pendant les guerres de religion, son gouverneur refusa de suivre le roi dans les voies sanglantes de la Saint-Barthélemy. Vauban la fortifia au XVIIe siècle et en 1808, ce fut le lieu d'entrevue de Napoléon et du roi d'Espagne, Charles IV, qui y signa sa renonciation au trône. En 1815, ses habitants résistèrent vaillamment aux Espagnols.

Hasparren (5 116 hab.), chef-lieu de canton, où se tient un très important marché pour les bestiaux, a des tanneries et des fabriques de lainages et de chocolats. On y remarque une église Saint-Jean, dont la fondation remonterait à l'époque de l'occupation romaine.

Saint-Jean-de-Luz (2 829 hab.), chef-lieu de canton, situé à l'embouchure de la Nivelle, forme un port de refuge, éclairé par un feu fixe de 4e ordre ; il possède un établissement de bains de mers et des ateliers de salaison. On y remarque l'église ogivale de Saint-Jean-

Baptiste qui date du XIIIe siècle, un château construit sous Henri III et d'anciennes maisons fort curieuses des XVIe et XVIIe siècles.

Les autres chefs-lieux de canton sont : Bidache (2 760 hab.), qui possède une église romane et les ruines d'un ancien château, Espelette (1 506 hab.), où sont situées des couches de kaolin dont l'exploitation est actuellement abandonnée, Labastide-Clairence (1 529 hab.), où l'on fabrique principalement des bérets et des tricots, et Ustaritz (2 327 hab.), situé sur la Nive, qui possède des corroieries et des moulins à farine.

Les principales communes de l'arrondissement sont : Anglet (3 780 hab.) ; Bardos (2 542 hab.) ; Saint-Pée (2 612 hab.) ; Urrugne (3 810 hab.) ; Biarritz (3 652 hab.), dont les bains de mer sont très fréquentés ; etc.

Géographie illustrée de la France et de ses colonies,
1867, 1868

ADOLPHE JAURÉGUY

Nos ancêtres les ânes sauvages

Trente et une fois international de rugby, premier Français à battre les quatre nations britanniques, treize fois capitaine du XV de France, Adolphe Jauréguy, né à Ostabat et mort à Saint-Jean-Pied-de-Port, fut l'un des plus grands joueurs de rugby français. Il nous parle ici des ânes d'Ostabat de son enfance.

Les ancêtres de ces ânes sauvages étaient des indépendants, des anarchistes. Un beau jour, ils avaient, l'un après l'autre, fui la ferme ou la métairie pour n'y plus revenir. L'hiver, je pense, sous la pluie et dans la boue, et quand il neigeait, aux approches de la Noël, ils devaient rêveusement rôder autour de l'étable. J'imagine qu'il y avait, parmi ces nobles bêtes, un apôtre de la méthode naturelle. L'Hébert des ânes. Leurs petits avaient eu moins de mal à s'habituer.

À Ostabat, maintenant, il n'y a plus d'ânes sauvages. Pendant la guerre, des bohémiens les ont tous pris. À grand renfort de vociférations et de coups de lanières, ô mes pauvres ânes, vous avez dû franchir la frontière et maintenant, vos fils, je les vois d'ici : courbés sous le joug des républicains ou des nationalistes, ils transportent des obus, en maudissant la malfaisance et l'imbécillité des hommes.

Dans cette forêt d'Iraty qui erre capricieusement d'un village à l'autre, coupée ici et là d'une clairière, d'un champ de maïs ou d'une prairie, qui lentement ondule au flanc des collines fleuries et des montagnes, avant de se perdre et de mourir sur le versant espagnol, il y avait une centaine d'ânes sauvages et, malgré leur malice et leurs ruades, je suis sûr qu'ils aimaient s'amuser avec nous. Jamais un homme seul ne réussissait à les approcher et les Bohémiens n'ont dû qu'à leur nombre de pouvoir les capturer.

Quant à nous, jamais nous ne revenions bredouilles. Nous examinions soigneusement la trace des sabots dans les endroits boueux. Nous connaissions tous les points d'eau où les bêtes ont coutume de venir boire, le long des torrents. Le champ de menthe où l'on accède par les dangereuses gorges de Mendizabal, nous en savions par cœur tous les montueux recoins. C'est là que les ânes, surtout les jeunes, aimaient se vautrer, se frotter le dos, ruer vers le soleil, se battre et dormir sous la lune.

Bientôt l'un de nous cueillait des crottes fraîches. « Ça sent l'âne ! » s'écriait aussitôt un vantard qui avait la prétention de flairer les ânes de loin. Un autre apercevait soudain, au-dessus d'un buisson, une longue paire d'oreilles. Les uns à droite, les autres à gauche, nous bondissions dans les fougères, dans les « touyas », dans la « gabarre », dans les genêts et dans les ronces. Enfin nous réussissions à cerner l'animal. Un moment, nous jouissions de le tenir, immobile, dans notre cercle. Et puis, tous ensemble, nous nous jetions sur lui, en évitant ses ruades.

Qui veut jouer avec moi ?

Ostabat est à la croisée de plusieurs chemins de Saint-Jacques-de-Compostelle : selon le *Guide du Pèlerin* du XIIe siècle, c'est à Ostabat que se rejoignaient les itinéraires du Puy, de Vézelay et de Tours. La stèle d'orientation érigée en 1964 au carrefour de Gibraltar illustre la formule utilisée par nombre de pèlerins *ad hostavallam*, « vers Ostabat ».

PIERRE LOTI

La partie de pelote

La pelote tire ses racines des jeux de paume médiévaux. Les Basques en ont fait un sport contemporain avec le gant d'osier (la chistera ou xistera) et le mur de frappe (fronton ou frontis). Francis Jammes écrivait : « Dans l'atmosphère chargée du trinquet, les deux rivaux tapaient. La pelote volait au but avec une obstination multipliée qui dilatait la poitrine des combattants et des témoins. » Pierre Loti nous décrit ce jeu avec la poésie de sa prose.

Le moindre hameau, au Pays basque, a sa place pour le jeu de paume. Grande, soigneusement tenue, en général près de l'église et des chênes.

Mais c'est ici un peu le centre et comme le conservatoire des joueurs précisés, de ceux qui deviennent célèbres, tant aux Pyrénées qu'aux Amériques et que, dans les grandes parties internationales, on oppose aux champions d'Espagne, aussi, la place est-elle particulièrement belle et pompeuse, surprenante en un village si perdu. Elle est dallée de larges pierres entre lesquelles des herbes poussent, accusant sa vétusté et lui donnant un air d'abandon, des deux côtés s'étendent, pour les spectateurs, de longs gradins, qui sont en granit rougeâtre de la montagne voisine et en ce moment, tout fleuris de scabieuses d'automne, et au fond, le vieux mur monumental se dresse, contre lequel les pelotes viendront frapper. Il a un fronton arrondi qui semble une silhouette de dôme, et porte cette inscription, à demi effacée par le temps : *Blaidka haritzca debakatua* (il est défendu de jouer au *blaid*).

[...]

Enfin, ils entrent dans l'arène, les *pelotaris*, les six champions parmi lesquels il en est un en soutane, le vicaire de la paroisse. Avec eux, quelques autres personnages, le crieur qui, dans un instant, va chanter les coups; les cinq juges choisis parmi des connaisseurs de villages différents pour intervenir dans les cas de litiges, et quelques autres portant des espadrilles et des pelotes de rechange. À leur poignet droit, les joueurs attachent avec des lanières une étrange chose d'osier, qui semble un grand ongle courbe, leur allongeant de moitié l'avant-bras : c'est avec ce gant, (fabriqué en France par un vannier unique du village d'Ascain) qu'il va falloir saisir; lancer et relancer la pelote, – une petite balle de corde serrée et recouverte en peau de mouton, qui est dure comme une balle de bois.

Maintenant, ils essaient leurs balles choisissent les meilleures, dégourdissant par de premiers coups qui ne comptent pas, leurs bras d'athlètes, puis ils enlèvent leur veste, pour aller chacun la confier à quelque spectateur de prédilection; Ramuntcho, lui, porte la sienne à Gracieuse, assise au premier rang sur le gradin d'en bas, et, sauf le prêtre qui jouera entravé dans sa robe noire, les voilà tous en tenue de combat, le torse libre dans une chemise de cotonnade rose, ou bien moulé sous un léger maillot de fil.

[...]

Et la partie commence au mélancolique soir. La balle, lancée à tour de bras, se met à voler, frappe le mur à grands coups secs, puis rebondit et traverse l'air avec la vitesse d'un boulet.

Ce mur du fond, arrondi comme un feston de dôme sur le ciel, s'est peu à peu couronné de têtes d'enfants, petits basques, petits bérets, joueurs de paume de l'avenir, qui tout à l'heure, vont se précipiter comme un vol d'oiseaux pour ramasser la balle, chaque fois que trop haut lancée, elle dépassera la place et filera là-bas dans les champs.

La partie graduellement s'échauffe, à mesure que les bras et les jarrets se délient, dans une averse de mouvement et de vitesse ; déjà on acclame Ramuncho. Et le vicaire aussi sera l'un des beaux joueurs de la journée, étrange à voir, avec ses sauts de félin et ses gestes athlétiques emprisonnés dans sa robe de prêtre.

Ainsi est la règle du jeu : quand un champion de l'un des camps laisse tomber la balle, c'est un point de gagné pour le camp adverse – et l'on joue d'ordinaire en soixante – après chaque coup, le crieur attitré jette à pleine voix, en sa langue millénaire : « Le but à tant, le refil à tant, messieurs ! » et sa longue clameur se traîne au-dessus du bruit de la foule, qui approuve et murmure.

Sur la place, la zone dorée et rougie de soleil diminue, s'en va, mangée par l'ombre ; de plus en plus le grand écran de la Gizune domine tout, semble enfermer davantage dans ce petit recoin de monde à ses pieds, la vie très particulière et l'ardeur de ces montagnards – qui sont les débris d'un peuple très mystérieux, unique, sans analogue parmi les peuples – elle marche et envahit en silence, l'ombre du soir bientôt souveraine ; au loin seulement, quelques cimes encore éclairées au-dessus de tant de vallées renfermées, sont d'un violet lumineux et rose.

Ramuntcho joue comme, de sa vie, il n'avait encore jamais joué ; il est à l'un de ces instants où l'on croit se sentir retrempé de force, régi, ne pensant plus rien, et où c'est une pure joie de se mouvoir, de détendre ses bras, de bondir.

Mais Arrochkoa faiblit, le vicaire, deux à trois fois, s'entrave dans sa soutane noire, et le camp adverse, d'abord distancé, peu à peu se rattrape ; alors, en présence de cette partie disputée si vaillamment, la clameur redouble, et des bérets s'envolent, jetés en l'air par des mains enthousiastes.

Ramuntcho

Le blanc est la tenue de rigueur pour la chemisette, le pantalon et les chaussures. La ceinture peut être rouge, verte ou bleue. Trois terrains de jeu s'offrent en « pilotari » : la « place libre » avec fronton ; le « trinquet » salle rectangulaire à quatre murs, dont un de frappe, et le « mur à gauche », fronton à trois murs. Pour les scores, le chanteur de points est là pour annoncer « Jokoa » (jeu) ou « bota » (but).

FLORENCE DELAY

État et ETA

Le pays – basque – dont il s'agit, prévient la romancière, ne se trouve ni à l'Est ni à l'Ouest. Il se compose de sept provinces dont trois sont en France, au Nord, et quatre en Espagne, au Sud. Euskadi, « c'est le cauchemar du solitaire » pour le héros du roman Extemendi.

[...] Les Basques, voyez-vous, ont depuis toujours la réputation d'être gens barbara, omni malicia plena, colore atra, visu iniqua, prava, perversa, perfida, fide vacua et corrupta, libidinosa, ebriosa, omni violentia docta, ferox et silvestris, improba et reproba, impia et austera, dira et contentiosa, ullis bonis inculta, cunctis viciis et iniquitatibus edocta... Point n'est besoin d'avoir été éduqué chez les jésuites pour comprendre, n'est-ce pas ? Eh bien voilà ce que pouvait trouver dans son guide un pèlerin allant à Saint-Jacques-de-Compostelle, et ce, tenez-vous bien, au XIIe siècle ! Le point de vue sur nous, vous le constaterez, n'a guère changé. On n'a pas attendu les procès de sorcellerie pour nous accuser de ne savoir que bondir et sauter en poussant des cris épouvantables... Erreur, profonde erreur. Admirez le mutisme, le merveilleux mutisme de cette petite toile de

Berroeta. Chillida crie davantage mais c'est normal, un sculpteur crie toujours sinon il ne vaut rien. Et, entre nous, c'est son nom même qui crie. Mais remettons à une autre fois ce que j'aurai plaisir à vous apprendre sur la grandeur maudite de nos artistes, de nos musiciens en particulier, car je ne doute pas que vous aimiez la musique autant que votre frère, et revenons à nos moutons (ton légèrement méprisant). Je ne connais pas tout mais je connais en tout cas une des choses qui vous attendent dans le coffre dont vous n'avez pas la clef. Une œuvre d'art, une vraie pièce de musée : une arme. Un des premiers pistolets des guerres carlistes. Il date de l'époque où les plus belles armes d'Europe se fabriquaient dans nos manufactures. Votre oncle en faisait collection. Ce temps est bien révolu. Maintenant on se fournit en armes n'importe où, Syrie, Union soviétique... Heureusement la Banque est sage et intelligente, elle sait comment traire les vaches quand elles n'ont plus de lait.

[...]

– Créer un État basque, c'est très joli mais ça arrivera le jour où les poules auront des dents, disait Aita. Nous, quand on a obtenu en 36 l'autonomie interne, on était en guerre. Nous aussi on est en guerre, répliquait Antxon. Père et lui étaient sans cesse en train de discuter. Nous, disait Aita, en 36, devant le coup d'État des militaires, le gouvernement autonome avait le droit sinon le devoir de se comporter en État souverain, même qu'on est allé jusqu'à battre monnaie ! Mais ces militaires, ces fascistes, ils sont toujours là, répliquait Antxon. Sur ce point il n'avait pas tort, Aita en convenait, on était encore en pleine dictature, en pleine humiliation, vous ne pouvez pas vous faire une idée de toutes les humiliations, et de toute façon Aita n'était pas mécontent qu'Antxon ait le dernier mot. Il venait à la ferme dès qu'il pouvait mais ça lui aurait écorché les lèvres de dire pourquoi. Parce que, voyez-vous, avec ses camarades, il ne croyait pas qu'on n'a qu'une vie, ça leur est égal, ils ne voient que leurs idées, ils ne pensent qu'à les réaliser, comme s'il y avait le feu, la guerre, et la guerre se fait avec des armes. Ils ont cherché des armes. Ils n'ont pas eu de mal à en trouver.

[...]

Pourquoi as-tu l'air si malheureux de me demander quelque chose qui me rend si heureuse ?

– Pourquoi ? répéta Etxemendi sur le même ton emporté comme s'il était elle, pourquoi ?

– Parce qu'il m'aimait, cria presque Arantxa. Parce qu'il m'aimait depuis le premier jour mais qu'il n'avait jamais osé me le dire, parce qu'il n'était pas un cadeau, parce qu'il n'avait rien à offrir, parce que la vie qu'il m'offrait n'était pas une vie, que sa vie il l'avait déjà donnée, à la clandestinité, à l'exil, à la prison, à la mort. Ah ça pour répondre, il a répondu ! Il n'était pas un militant, encore moins un sympathisant, il était un des chefs, un chef de la branche militaire.

– De la branche militaire, répéta Etxemendi interdit, accroché au sens littéral pour ne pas tomber, ne pas tomber dans l'erreur de poser encore une question qui serait fatale, se retenant de demander : de quelle armée ? il comprit. Son sang ne fit qu'un tour. Euskadi Ta Askatasuna c'était ETA.

Etxemendi

Dans *Le procès de Burgos* (in *Situations X*), Sartre « assène » (selon l'expression de Juliette Simont dans la revue *Les Temps Modernes*, n° 610) quelques faits scientifiques, qui vont du rhésus négatif caractéristique de l'ethnie basque à la consommation comparative du kilowatt heure par habitant en Euskadi et en Espagne – Catalogne. Toujours dans *Le procès de Burgos*, Sartre écrit : « Comment admettre que la nation basque existât de l'autre côté des Pyrénées sans reconnaître à "nos" Basques le droit de s'y intégrer ? Et la Bretagne alors ? Et l'Occitanie et l'Alsace ? »

KARL LASKE

« Cavale basque »

Journaliste à Libération, *Karl Laske dresse dans l'édition du 21 mars 2011 le portrait d'Aurore Martin, indépendantiste française de 32 ans recherchée par l'Espagne. Extraits.*

En décembre, Aurore Martin a choisi de se cacher, suite à la validation du mandat d'arrêt européen délivré contre elle par l'Espagne pour son appartenance au parti indépendantiste basque Batasuna. En France, ce parti n'est pourtant pas interdit. En guise d'infractions, les mandats espagnols ne mentionnent que sa présence à des réunions publiques. La peine qu'elle encourt est pourtant de « douze ans d'emprisonnement » pour « participation à une organisation terroriste ». « Elle est juste là pour aujourd'hui », a glissé Jon en arrivant. Le rendez-vous a été pris de vive voix, trois semaines plus tôt, à Paris. On a attendu Jon à la terrasse d'un café à Bayonne. On l'a suivi à sa voiture. Il a mis Berri Txarrak, un groupe de métal basque, puis il a foncé sur des petites routes de l'arrière-pays. Des routes en épingle à cheveux, qui donnent l'impression de faire constamment demi-tour. « Je ne pense pas qu'ils la recherchent activement pour l'instant », a-t-il dit. Au cas où, personne n'a pris de téléphone portable.

Pour Aurore Martin, c'est une maison d'un jour. Inhabitée, donc un peu froide. L'intérieur est rangé comme pour un départ en vacances. Dans l'évier, une seule assiette. Des élus de gauche prêtent leur maison. Des élus de droite se sont joints aux protestations. Max Brisson (UMP) a fait savoir que, bien qu'opposé aux indépendantistes basques, il n'acceptait pas « qu'une jeune Française soit extradée pour ses convictions politiques ». Les indépendantistes l'ont inscrite comme candidate suppléante aux cantonales, à Tardets, dans la vallée de la Soule, dont elle est originaire. Sa candidature a été validée, et la clandestine était sur l'affiche, dans ce canton historiquement centriste. « Dans un reportage télé, quelqu'un a dit qu'à Tardets, j'étais un fantôme, s'amuse-t-elle. Mais c'est quand même un geste politique fort. » La militante est allée jusqu'à la fenêtre. Silhouette gracile, presque fragile, elle jette un œil dehors. Puis, elle offre un café et s'assoit.

Son avocate espagnole a fait savoir qu'elle devait « se préparer au pire ». Ses parents, eux, la préfèrent à l'abri plutôt qu'« envoyée au fin fond de l'Espagne ». Il y a vingt ans, ils ont soutenu la création d'une *ikastola*, une école associative de langue basque, où sont allées Aurore et sa sœur cadette Émilie. Francis, ancien bûcheron, et Jacqueline, prof de danse classique, n'ont pas eu d'autre engagement politique. « Je ne m'appelle pas Etchegaray, et mes parents ne connaissent pas le basque, mais pour eux c'était un geste militant », résume Aurore Martin. Les sœurs grandissent à Mauléon, en plein Pays basque français, fréquentent les *gaztetxe,* ces maisons de jeunes autogérées. [...]

La politique a envahi son histoire. En 2003, après

l'évasion d'un clandestin basque du commissariat de Bayonne, la police antiterroriste multiplie les descentes chez les jeunes Basques. Les sœurs Martin sont du lot.

[...]

La militance d'Aurore Martin s'exerce avant tout en « Pays basque nord », où son parti n'est pas interdit. Elle s'occupe de la campagne d'un candidat indépendantiste à Saint-Etienne-de-Baïgorri. La police l'arrête en flagrant délit pour un tag appelant à une manif. Elle refuse de donner son ADN et fait l'objet de poursuites. En 2008, la police française vise à son tour Batasuna. « Ils ont pris nos archives, nos ordinateurs, les draps et des sacs de couchages pour prélever de l'ADN. Ils pensaient qu'on servait l'appareil de l'ETA », commente un proche d'Aurore Martin.

[...]

En 2010, c'est lors d'une convocation au commissariat que la militante apprend qu'elle est réclamée par l'Espagne. Aurore finit par être incarcérée. [...] Dans cette cavale sans blessé, ni braquage, ni délit, elle voudrait faire entendre que la spirale répressive, celle-là même qui l'a conduite à se cacher, ne mène à rien. La gauche indépendantiste basque espère beaucoup du processus de paix engagé par « l'arrêt des actions armées » annoncé par l'ETA. « Des pas doivent être faits de part et d'autre », juge-t-elle.

Karl Laske in *Libération* du 21 mars 2011
D.R.

Euskadi Ta Askatasuna : tel est le sigle de l'E.T.A. pour « Pays basque et Liberté », en basque. C'est une organisation armée basque indépendantiste d'inspiration révolutionnaire. Fondée en 1959, l'organisation a évolué d'un groupe résistant à la dictature franquiste vers un groupe paramilitaire indépendantiste basque. La plupart des revendications d'ETA portent sur l'indépendance du Pays basque, ou *Euskal Herria*. La devise d'ETA est « *Bietan jarrai* » et signifie « continuer dans les deux voies ». Le 5 septembre 2010, l'organisation indépendantiste basque a annoncé un cessez-le-feu, confirmé le 10 janvier 2011, et qualifié de « permanent, général et vérifiable ».

DANIEL HERRERO

Les rugbymen basques

Ancien joueur et entraîneur de rugby, frère de deux internationaux (André et Bernard), Daniel Herrero fit de Toulon un champion de France en 1987. Chroniqueur à Sud-Radio *et au* Journal du Dimanche, *il nous livre un fragment – basque – de son* Dictionnaire amoureux du rugby.

Au Pays basque, depuis des millénaires, les hommes soulèvent des pierres, tirent sur des cordes et taillent en pièces des troncs d'arbres. Ils sont aussi les maîtres d'un jeu incomparable, la pelote. Ces traditions ancestrales auraient pu s'irriter de l'arrivée de la belle Ovalie. Elles l'accueillirent au contraire dans la famille avec amour, en France tout au moins. Le Pays basque est en effet une terre sciée en deux par une frontière malencontreuse. Si le rugby est très populaire du côté français, il n'a curieusement jamais franchi la frontière espagnole. Roi à Saint-Jean-de-Luz, ce jeu est inconnu à San Sebastian. De l'autre côté, pas une paire de poteaux, pas un pilar, pas un ballon ovale ! C'est étrange, car les Espagnols ont pourtant eux aussi le sens du combat, de l'orgueil… Peut-être est-ce la faute des curés, très influents en Espagne, et qui n'ont jamais porté le rugby dans leur cœur, un sport trop rude où les corps se touchent de trop près ? Qui sait…

Les rugbymen basques ont la réputation d'être petits et vaillants en diable, avec des jambes arquées et le cou enfoui dans les épaules. Il faut cependant aller voir de plus près pour comprendre que le rugby basque est une famille unie, mais aussi très variée. Allons d'abord à Biarritz, la ville anglaise, touristique, riche et bien proprette qui attire les amoureux de la tranquillité, alors que son rugby n'est qu'orgueil et tempérament. Au stade d'Aguilera, les gens sont friands de mauls solides, de chandelles bien allumées et de défis costauds. Le pilier massif et cabossé est toujours là-bas le chouchou du public ! Les grands piliers basques à avoir joué pour la France sont d'ailleurs légion : Urtizverea, Iracabal, Azarette, Ugartemendia, Dospital ou Ondarts, la liste est longue. Les hommes de cette lignée ne touchaient pas souvent la balle, mais tous bûchaient dans l'obscurité. Leur corps était fait de leur terre... Belle école de piliers, Biarritz a su aussi enfanter des créateurs et des fantaisistes avec notamment Etchenique, Amade, Hontas et surtout, l'unique Serge Blanco.

Sans vraiment oser l'avouer, Biarritz a longtemps souffert de la réputation de Bayonne sa voisine. Quand on parle de l'Aviron Bayonnais à une table de rugbymen, les yeux s'éclairent et les sourires traversent les visages. Bayonne est métisse et populaire. Ses vieux quartiers du centre recèlent ce que l'âme basque a de plus vindicatif. Et Saint-Leon ! Ce stade est la capitale de l'excellence et de la courtoisie. Les joueurs sont souvent inventifs, toujours animés de nobles sentiments. Ici, pas de tricheur, pas de requin des prés mais simplement le risque pour les visiteurs de prendre une belle leçon de rugby. Il y a du côté de Bayonne comme une légère forme de consanguinité qui curieusement ne produit pas d'enfants débiles, mais de grands et beaux attaquants : Duprat, Belascain, Pardo, sans oublier le plus grand de tous, Jean Dauger. Ici, intelligence et courage ne suffisent pas à gagner l'estime. Il faut ce petit quelque chose en plus, cet indéfinissable mélange d'esthétisme, de sens du rythme et d'audace pour satisfaire les gens. Biarritz et Bayonne se regardent depuis mille ans en chiens de faïence. Après chaque match, joueurs et spectateurs des deux camps se retrouvent pourtant pour boire des barriques de bière et partager quelques tapas. Les piliers chantent comme nulle part ailleurs et l'adversaire, d'où qu'il vienne, est respecté. Une vraie fierté pour le rugby de France où ces qualités ne sont pas toujours les plus répandues…

Loin de ces deux clubs phares, il y a aussi les travailleurs de l'ombre, l'arrière-garde des équipes vedettes du Pays basque : Baïgorry, fief irréductible des coupeurs de fougères, où des petits gabarits sacrificiels apprennent dès leur jeune âge qu'on peut faire beaucoup avec peu, et que les vraies victoires ne se remportent qu'avec le cœur. Mauléon ensuite, la cité ouvrière des montagnes, où les gens sont moqueurs, le public chauvin et les enfants du pays très durs au mal. Il faut avoir de l'humour et du courage pour battre Mauléon sur ses terres. À quelques sardines de là, le club des pêcheurs, fleuron du Pays basque maritime : Saint-Jean-de-Luz. Les hommes de Saint-Jean, qui ont appris sur les bateaux que tout se gagne durement, parlent peu, ne se plaignent jamais, n'ont d'éloquence que dans le regard. Pendant longtemps, chaque bateau de retour au port mettait de côté un poisson bien charnu pour l'Olympique, le club de rugby. Les matchs attiraient un public impitoyable et, pour les étrangers, l'après-midi était souvent rude !

Les rugbymen du Pays basque se sont exportés aux quatre coins de France, emportant dans leur valise un merveilleux répertoire de chants, une culture chaleureuse et du talent. Le rugby français leur doit beaucoup.

Dictionnaire amoureux du rugby

Aux obsèques de Jacques Fouroux, l'ancien entraîneur et capitaine du XV de France, de très nombreux internationaux basques étaient présents. Parmi eux deux grands piliers – chanteurs, Peio Dospital et Pascal Ondarts qui entonnèrent des chants basques au cœur ardent de la cathédrale d'Auch.

FRANCIS JAMMES

Le cimetière basque

Poète et romancier (1868-1938) palois, béarnais, puis citoyen d'Hasparren dans sa maison dénommée Eihartzea, Francis Jammes nous livre ici le cœur battant de l'âme basque en nous révélant la simplicité du cimetière basque.

Le cimetière basque est si simple, si beau, qu'on ne saurait concevoir un lieu où les vivants communient davantage avec les morts. Là, rien ne cherche à masquer la vérité. La terre est celle du jardin d'à côté, seulement un peu plus fleurie. Les plus vieilles tombes sont surmontées de disques de pierre dont on dirait, à la nuit tombante, des têtes dressées hors du sol, image peut-être de la résurrection. Sur ces disques sont gravés des signes du zodiaque, signifiant une arbalète, une pelote. Les sépultures les plus récentes, surchargées de lettres et d'ornements noirs, ressemblent à d'étranges faire-part. Ce peuple attend la renaissance des cendres, plus fermement qu'il ne compte sur la poussée des chênes. Les inhumations ont lieu sans phrases. Les capes des affligés retombent sans qu'aucun geste en dérange les plis. Seule révèle quelque signe extérieur de sensibilité l'étroite caisse blanche à galons d'argent qu'un fossoyeur emporte sous le bras, telle qu'une boîte à dragées, et dans laquelle la jeune mère en pleurs a couché son enfant. Parmi les tertres, les cierges laissent ruisseler leur cire en cette fête des élus. Çà et là des sièges où les vivants continuent de causer avec ceux qui, fatigués du grand soleil, se sont étendus dans la nuit.

Le mariage basque, 1926

> Avec la haute figure emblématique de patriarche (longue barbe blanche et béret basque) de Francis Jammes, le village d'Hasparren reçut les visites de « grands » de la littérature et des arts : Darius Milhaud, François Mauriac, Paul Valéry, Roger Martin du Gard furent accueillis dans cette maison Eihartzea (la première à droite dans le bourg en venant de Bayonne) où Francis Jammes vécut les dix-sept dernières années de sa vie.

JOSEPH PEYRÉ

Basques français et Basques espagnols unis par la mer

Lauréat du prix Goncourt en 1935 pour son roman Sang et lumières, *Joseph Peyré (1892-1968) consacra plusieurs ouvrages au Pays basque, parmi lesquels* Jean Le Basque *(1953) et* Le Pont des sorts *(1959). Mieux que d'autres il sut rappeler la vocation maritime et atlantique des habitants de la côte basque.*

Basques français et Basques espagnols participent non seulement du même sang, mais de la même légende marine. Pour recevoir la vocation océanique, et découvrir les Amériques avant Colomb, il ne leur fut pas nécessaire, comme à la race armoricaine, de disposer d'une péninsule tout entière, avec son développement de côtes, sa multitude de caps, de havres, son essaim d'îles et d'écueils. Il leur suffit de leurs rias. Je m'enorgueillissais moi-même à la pensée que, pour se faire entendre des Peaux-Rouges de la côte occidentale de Terre-Neuve, jadis, il fallait leur parler basque, et que nos Luziens harponneurs de baleines étaient chez eux à Portuchua, havre basque de cette côte. Je m'attachai dès lors à ressusciter pour mon usage la Saint-Jean-de-Luz d'autrefois. Au lieu de n'y chasser que mes souvenirs, mes fantômes d'Espagne, j'y cherchai l'ancienne marine, qui hissait sa forêt de mâtures au-dessus de l'Urdassury – car ainsi s'appelait la Nivelle. Aucune de mes promenades à travers la ville n'alla plus sans se compliquer d'une évocation du passé, si bien que je pense être parvenu à vivre réellement dans la Saint-Jean-de-Luz du temps où les tempêtes ne l'avaient pas encore atteinte. Ce qui reste aujourd'hui de la ville, en bordure de la baie, n'est plus en effet qu'un vestige, dernier croissant d'une lune mangée par le dragon dévorant de la mer. Et, de fait, l'océan rasa et avala deux cents maisons, jadis, en une seule journée de tempête. Les ruines sont encore visibles sur la plage, contre la petite jetée, à la sortie de la Nivelle.

Au lieu de regarder la maison Esquerrenea comme une pièce de musée, j'imaginais le vieil armateur impotent en train de surveiller de sa fenêtre le retour de sa « Notre-Dame de la Mer » et de sa prise, une flûte hollandaise lourde de fanons de baleine, capturée sur la route du Groenland. Je voyais, je voyais vraiment la frégate de course fille des chênes de la Rhune, svelte et noire, et ceinturée de blanc sur ses sabords, portant à la poulaine sa madone, déborder la pointe de Sainte-Barbe, sous le pavillon rouge et noir luzien. La vie de l'ancienne marine réanimait pour moi les rues bruineuses. J'entendais les trompettes d'argent qui annonçaient l'approche du Hollandais, le tambour qui rappelait des tavernes du « Chat de Mer » ou des « Deux Baleines » les équipages des corsaires, le cri de la partance et la parade, fifres et tambours, de l'appareillage.

De mon Béarn à la mer basque

Entre 1946 et 1960, nombre de Basques émigrèrent Outre-Atlantique aux États-Unis afin d'y travailler comme berger. Cinq d'entre eux, originaires des Aldudes, trouvèrent la mort dans la catastrophe aérienne de 1949 en même temps que le boxeur Marcel Cerdan et la violoniste Ginette Neveu. Joseph Peyré écrit dans *Jean Le Basque* : « Lorsqu'il montrait son film publicitaire, il était sûr d'émouvoir un instinct vivant dans chaque Basque : celui du départ pour les Amériques. »

PIERRE BENOÎT

La pastorale souletine

Plus romancier qu'anthropologue, plus observateur passionné et chaleureux qu'ethnologue de sa terre d'élection, c'est en romancier profondément inspiré par la géographie sentimentale de « son » Pays basque que Pierre Benoît (1886-1962) nous fait découvrir « la pastorale souletine » et nous fait aussi mieux comprendre jusqu'où peut aller le goût de la contrebande !

Donnez-vous la peine de prendre place, sur les bancs rugueux, face à la scène dressée sur des tréteaux ou des tonneaux. « Quel est ce village ? » demandez-vous. Tout bonnement le bourg royal de Larrau, antique site au fin fond de la Haute-Soule, dont le *port,* autrement dit le col, conduit à Ochagavia, en Navarre espagnole. La neige commence à tomber ici dès le début de novembre. Il est vrai que nous sommes déjà en mai. Sous le ciel d'une pureté merveilleusement nette se détache le romantique pic d'Orhy. En mai ? Très exactement le 5, anniversaire de la mort du Grand Empereur, qui vient d'être commémorée ce matin dans la chapelle des Invalides. Larrau n'a pas voulu être en reste avec Paris. On est allé quérir dans le vieux répertoire l'une des plus classiques pastorales : *Napoléon Ier*, qui fait son entrée sur un cheval blanc, ayant troqué contre un mirifique uniforme, blanc également, son habit vert de colonel des chasseurs de la Garde. Il est précédé par les bergers en chamar menant leurs brebis, dans un immense tintamarre de sonnailles. L'accompagne le *pastoralier,* tout ensemble auteur, metteur en scène, chef d'orchestre, régisseur, maître à danser. Joséphine, plus modeste, vient ensuite, précédant le pape Pie VII.

Le clergé local est là, au complet, pour saluer avec une bonhomie qui ne va pas sans quelque réserve le souverain de la chrétienté. [...]

Toute la journée, jusqu'à l'heure où le rouge soleil s'ébréchera derrière les montagnes, la pastorale va maintenant dérouler ses innombrables péripéties, danses, monologues, chansons, interventions sataniques ou divines, salmigondis à nul autre pareil, mais vivifié, mais animé, mais sublimisé par l'incomparable foi des acteurs, soutenus, transportés eux-mêmes par l'incomparable foi de l'assistance. [...] L'essentiel, le miraculeux, c'est cette conviction qui transporte véritablement les montagnes, les oblige à apporter leur collaboration, à servir de décor à ce qui, sans elles et ailleurs, ne mériterait pas plus d'être pris en considération qu'une vulgaire parade foraine. Là est la beauté. Là est le mystère. Mystère ? Mystères ? Comme le Moyen Âge a eu raison lorsqu'il a eu l'idée de réserver une telle dénomination à ce mélange unique de naïveté, de sainteté, de jonglerie dont le peuple basque est seul désormais à détenir – souhaitons que ce soit pour bien longtemps ! – le chaste et rayonnant monopole.

Le Pays basque

> La pastorale souletine est d'origine antique. C'est une pièce de théâtre populaire animée par un village et ses habitants. C'est ici la conception basque du monde qui trouve son expression vivante et pérenne dans le respect d'un rituel rigoureux et d'une symbolique partagée. Et les personnages, les bons et les mauvais respectivement en bleu et en rouge, de danser ou de chanter aidés par les anges ou soutenus par les satans.

MICHEL BUTOR

Le soir sur la plage à Hendaye

L'horticulteur itinérant de Michel Butor qui enregistre tout ce qui fleurit çà et là se retrouve un soir sur la plage à Hendaye. Extraits d'une étape poétique.

Après frénésie
de bains et de jeux
toutes les familles
replient leur fatras
pour rentrer chez elles

Quelques solitaires
marchent dans les vagues
les oiseaux reviennent
fouiller dans le sable
reliefs des repas

Des traces d'avions
sur les flots du ciel
parmi des récifs
de braise et de vins
fouettés par la brise

Plumes de flamants
poudre de corail

éclats de rubis
adieux de grenats
lèvres de la nuit

Une vieille femme
grogne entre ses dents
une phrase en basque
avant de filer
vers la vieille ville

Hortensias rouillés
teintures de cuivre
sur fond d'indigo
rosiers magnolias
souvenirs d'érables

Glaces de lavande
murmures de mûres
alanguissements
couples à l'essai
aveux incomplets

Sillages d'encens
voile entre deux eaux
une bouffée d'iode
la claque du large
la boucle d'une algue

Degrés d'horizons
terrasse de nuages
sentiers d'émotions
bougainvilléas
détours de patience

Le soir sur la plage à Hendaye

Il y a longtemps
j'ai vécu ici
tout s'est transformé
tout s'est conservé
par-delà l'oubli

Derniers cerfs-volants
derniers voltigeurs
sur chevaux marins
rentrant au pacage dans les profondeurs

Derniers beuglements
des automobiles
derniers battements
d'écume et de cendres
tout est apaisé

L'horticulteur itinérant

PIERRE LOTI

Impressions basques

L'exotisme du Pays basque, le paradis de la danse et de la pelote, les amours de Ramuntcho et de Gracieuse, c'est tout cela le talent de Pierre Loti. Extraits.

Les tristes courlis, annonciateurs de l'automne, venaient d'apparaître en masse dans une bourrasque grise, fuyant la haute mer sous la menace des tourmentes prochaines. À l'embouchure des rivières méridionales, de l'Adour, de la Nivelle, de la Bidassoa qui longe l'Espagne, ils erraient au-dessus des eaux déjà froidies, volant bas, rasant de leurs ailes le miroir des surfaces. Et leurs cris, à la tombée de la nuit d'octobre, semblaient sonner la demi-mort annuelle des plantes épuisées.

Sur les campagnes pyrénéennes, toutes de broussailles ou de grands bois, les mélancolies des soirs pluvieux d'arrière-saison descendaient lentement, enveloppantes comme des suaires, tandis que Ramuntcho cheminait par le sentier de mousse, sans bruit, chaussée de semelles de cordes, souple et silencieux dans sa marche de montagnard.

Ramuntcho arrivait à pied de très loin, remontait des régions qui avoisinent la mer de Biscaye, vers sa maison isolée, qui était là-haut, dans beaucoup d'ombre, près de la frontière espagnole.

Autour du jeune passant solitaire, qui montait si vite sans peine et dont la marche en espadrilles ne s'entendait pas, des lointains, toujours plus profonds, se creusaient de tous côtés, très estompés de crépuscule et de brume.

L'automne, l'automne s'indiquait partout. Les maïs, herbages des lieux bas, si magnifiquement verts au printemps, étalaient des nuances de paille morte au fond des vallées, et, sur tous les sommets, des hêtres et des chênes s'effeuillaient. L'air était presque froid; une humidité odorante sortait de la terre moussue, et, de temps à autre, il tombait d'en haut quelque ondée légère. On la sentait proche et angoissante, cette saison des nuages et des longues pluies, qui revient chaque fois avec son même air d'amener l'épuisement définitif des sèves et l'irrémédiable mort, – mais qui passe comme toutes choses et qu'on oublie, au suivant renouveau.

[...]

Autour de ce village, en haut ou bien dans les vallées d'en dessous, le Pays basque apparaissait en ce moment comme une confusion de gigantesques masses obscures. De longues nuées dérangeaient les perspectives; toutes les distances, toutes les profondeurs étaient devenues inappréciables, les changeantes montagnes semblaient avoir grandi dans la nébuleuse fantasmagorie du soir. L'heure, on ne sait pourquoi, se faisait étrangement solennelle, comme si l'ombre des siècles passés allait sortir de la terre. Sur ce vaste soulèvement qui s'appelle Pyrénées, on sentait planer quelque chose qui était peut-être l'âme finissante de cette race, dont les débris se sont là conservés et à laquelle Ramuntcho appartenait par sa mère...

[...]

Il adorait sa terre basque, Ramuntcho, – et ce matin-là était une des fois où cet amour entrait plus profondément en lui-même. Dans la suite de son existence, pendant les exils, le souvenir de ces retours délicieux à l'aube, après les nuits de contrebande, devait lui causer d'indéfinissables et très angoissantes nostalgies. Mais son amour pour le sol héréditaire n'était pas aussi simple que celui de ses compagnons d'aventure. Comme à tous ses sentiments, comme à toutes ses sensations, il s'y mêlait des éléments très divers. D'abord l'attachement instinctif et non analysé des ancêtres maternels au terroir natal, puis quelque chose de plus raffiné provenant de son père, un reflet inconscient de cette admiration d'artiste qui avait retenu ici l'étranger pendant quelques saisons et lui avait donné le caprice de s'allier avec une fille de ces montagnes pour en obtenir une descendance basque...

[...]

Le vent de sud, qui est le grand magicien du Pays basque, souffle doucement. L'automne d'hier s'en est allé et on l'oublie. Des haleines tièdes passent dans l'air, vivifiantes, plus salubres que celles de mai, ayant l'odeur du foin et l'odeur des fleurs. Deux chanteuses des grands chemins sont là, adossées au mur du cimetière, et entonnent, avec un tambourin et une guitare, une vieille séguidille d'Espagne, apportant jusqu'ici les gainés chaudes et un peu arabes d'au-delà les proches frontières.

[...]

Le fandango tourne et oscille, sur un air de valse ancienne. Tous les bras, tendus et levés, s'agitent en l'air, montent ou descendent avec de jolis mouvements cadencés, suivant les oscillations des corps. Les espadrilles à semelle de corde rendent cette danse silencieuse et comme infiniment légère; on n'entend que le froufrou des robes, et toujours le petit claquement sec des doigts imitant un bruit de castagnettes. Avec une grâce espagnole, les filles, dont les larges manches s'éploient comme des ailes, dandinent leurs tailles serrées, au-dessus de leurs hanches vigoureuses et souples...

Ramuntcho

En 1891, Pierre Loti (1850-1923), officier de marine, est nommé patron de la canonnière *Le Javelot* et s'installe à Hendaye. À 41 ans, il tombe amoureux du Pays basque au point d'en adopter le béret (d'origine béarnaise en réalité mais que les basques ont contribué à populariser au point d'en faire le fameux « béret basque »), de jouer à la pelote et d'accompagner les contrebandiers. Son amie adultérine Crucita Gainza lui donne trois fils : Pierre Loti est tout au bonheur d'être père de trois Basques. C'est Jean-Pierre Borda dit Otharre, ami de l'écrivain et excellent « pilotari » qui initia Loti à la contrebande et lui servit de modèle pour l'Arruchkoa de *Ramuntcho*.

PROSPER MÉRIMÉE

« Les Basques, un peuple ami des coups et du tapage »

L'auteur de Carmen, *nouvelle publiée en 1847, effectue sa première visite au Pays basque en 1830 : il s'intéresse alors à la constitution des « provinces », apprend quelques mots d'euskara et rencontre la comtesse Eugénie de Montijo, avant de devenir plus tard un très fidèle du couple impérial, le « courtisan » comme il se qualifiera lui-même.*

Le 8 juin 1857

À Mme de Montijo

J'ai conseillé à l'Impératrice de faire apprendre le basque au Prince Impérial, pendant qu'il est à Biarritz, mais elle n'a pas d'ambition.

Le 12 septembre 1861

À Fanny Lagden

Chère F.

Je suis arrivé ici et le soir même j'ai assisté à un grand dîner avec toutes les autorités de Bayonne, mais hier et aujourd'hui nous avons eu un dîner en privé et en petite tenue. Il y a peu de monde dans la villa, mais beaucoup au village. J'ai trouvé ici beaucoup d'Espagnols de mes connaissances. Mad. de Montijo est mieux que je ne le pensais mais elle est triste.

J'ai une chambre très agréable avec vue sur la mer. [...]

J'ai vu le petit prince prendre son premier bain et il en a été très effrayé.

Le 18 septembre 1861

À Mme de Boigne

S'il y avait des arbres à Biarritz ce serait un lieu charmant, malheureusement ils ne poussent pas comme les villas, et le vent d'ouest est un contradicteur bien désagréable. Nous vivons ici comme des lézards au soleil, tâchant parfois de faire quelque chose, mais n'y parvenant guère. La vie se passe à humer l'air en attendant. Je commence à regretter mes bouquins de la rue de Lille, malgré toutes les belles dames en robes impossibles qui se promènent sur la place et qui se demandent à quelle classe de bipèdes j'appartiens. Je ne sais si le fantastique en matière de costume est poussé aussi loin à Trouville qu'ici, mais j'en doute. Nous avons des Polonaises et des Espagnoles après qui il faut tirer l'échelle. [...]

Nous autres gens du Pays basque, nous avons un accent qui nous fait reconnaître facilement des Espagnols ; en revanche, il n'y en a pas un qui puisse seulement apprendre à dire *baï, jaona*. Carmen donc n'eut pas de peine à deviner que je venais des provinces. Vous saurez que les bohémiens, monsieur, comme n'étant d'aucun pays, voyageant toujours, parlent toutes les langues, et la plupart sont chez eux en Portugal, en France, dans les provinces, en Catalogne, partout ; même avec les Maures et les Anglais, ils se font entendre. Carmen savait assez bien le basque. « *Laguna, ene biblotsarena,* camarade de mon cœur, me dit-elle tout à coup, êtes-vous du pays ? »

Notre langue, monsieur, est si belle, que, lorsque nous l'entendons en pays étranger, cela nous fait tressaillir... « Je voudrais avoir un confesseur des provinces », ajouta plus bas le bandit. Il reprit après un silence :

« Je suis d'Elizondo, lui répondis-je en basque, fort ému de l'entendre parler ma langue.

– Moi, je suis d'Etchalar, dit-elle. – C'est un pays à quatre heures de chez nous. – J'ai été emmenée par des bohémiens à Séville. je travaillais à la manufacture pour gagner de quoi retourner en Navarre, près de ma pauvre mère qui n'a que moi pour soutien, et un petit *barratcea* avec vingt pommiers à cidre. Ah ! si j'étais au pays, devant la montagne blanche ! On m'a insultée parce que je ne suis pas de ce pays de filous, marchands d'oranges pourries ; et ces gueuses se sont mises toutes contre moi, parce que je leur ai dit que tous leurs jacques de Séville, avec leurs couteaux, ne feraient pas peur à un gars de chez nous avec son béret bleu et son maquila. Camarade, mon ami, ne ferez-vous rien pour une payse ? » [...]

Elle estropiait le basque, et je la crus Navarraise ; ses yeux seuls et sa bouche et son teint la disaient bohémienne. J'étais fou, je ne faisais plus attention à rien. Je pensais que, si des Espagnols s'étaient avisés de mal parler du pays, je leur aurais coupé la figure, tout comme un homme ivre ; je commençais à dire des bêtises, j'étais tout près d'en faire.

De l'Impératrice Eugénie, le docteur Barthez écrivait : « Aucun de ses portraits ne donne une idée exacte de ce qu'elle est. Elle est plus jolie, plus belle, plus gracieuse, plus vivante qu'aucun de ceux que j'ai vus. » À Madame de Montijo, Prosper Mérimée écrit le 21 octobre 1840 : « Si vous pouviez m'avoir quelques détails positifs sur la constitution des provinces basques vous me feriez grand plaisir. »

MICHELET

« Le Basque a vu toutes les nations passer devant lui »

Historien, Michelet nous offre ici un aperçu de sa conception des Basques dans l'histoire de France. Il nous invite notamment à bien distinguer le Basque du Béarnais.

Qui veut voir toutes les races et tous les costumes des Pyrénées, c'est aux foires de Tarbes qu'il doit aller. Il y vient près de dix mille âmes : on s'y rend de plus de vingt lieues. Là vous trouvez souvent à la fois le bonnet blanc de Bigorre, le brun de Foix, le rouge du Roussillon, quelquefois même le grand chapeau plat d'Aragon, le chapeau rond de Navarre, le bonnet pointu de Biscaye. Le voiturier basque y viendra sur son âne, avec sa longue voiture à trois chevaux : il porte le béret du Béarn ; mais vous distinguerez bien vite le Béarnais et le Basque ; le joli petit homme sémillant de la plaine, qui a la langue si prompte, la main aussi, et le fils de la montagne, qui la mesure rapidement de ses grandes jambes, agriculteur habile et fier de sa maison, dont il porte le nom. Si vous voulez trouver quelque analogue au Basque, c'est chez les Celtes de Bretagne, d'Écosse ou d'Irlande qu'il faut le chercher. Le Basque, aîné des races de l'Occident, immuable au coin des Pyrénées, a vu toutes les nations passer devant lui Carthaginois, Celtes, Romains, Goths et Sarrasins. Nos jeunes antiquités lui font pitié. Un Montmorency disait à l'un d'eux : « Savez-vous que nous datons de mille ans ? – Et nous, dit le Basque, nous ne datons plus. »

Histoire de France, tome 3

Cette race a un instant possédé l'Aquitaine. Elle y a laissé pour souvenir le nom de Gascogne. Refoulée en Espagne au neuvième siècle, elle y fonda le royaume de Navarre, et en deux cents ans, elle occupa tous les trônes chrétiens d'Espagne (Galice, Asturies et Léon, Aragon, Castille). Mais la croisade espagnole poussant vers le Midi, les Navarrois, isolés du théâtre de la gloire européenne, perdirent tout peu à peu. Leur dernier roi, Sanche *l'Enfermé*, qui mourut d'un cancer, est le vrai symbole des destinées de son peuple. Enfermée en effet dans ses montagnes par des peuples puissants, rongée pour ainsi dire par les progrès de l'Espagne et de la France, la Navarre implora même les musulmans d'Afrique, et finit par se donner aux Français. Sanche anéantit son royaume en le léguant à son gendre Thibault, comte de Champagne ; c'est Roland brisant sa durandal pour la soustraire à l'ennemi. La maison de Barcelone, tige des rois d'Aragon et des comtes de Foix, saisit la Navarre à son tour, la donna un instant aux Albret, aux Bourbons, qui perdirent la Navarre pour gagner la France. Mais par un petit-fils de Louis XIV, descendu de Henri IV, ils ont repris non seulement la Navarre, mais l'Espagne entière. Ainsi s'est vérifiée l'inscription mystérieuse du château de Coaraze, où fut élevé Henri IV : *Lo que a de ser no puede faltar.* « Ce qui doit être ne peut manquer ». Nos rois se sont intitulés rois de France et de Navarre. C'est une belle expression des origines primitives de la population française comme de la dynastie.

*

Rien de plus gai que Mazarin au moment où il signe le grand traité de la Bidassoa. Il écrit à Paris : « Tout va être fini. je ne ferai pas grand séjour au Pays basque, à moins que je ne m'amuse à leur voir pêcher la baleine, à apprendre le basque ou à sauter comme eux. »

Histoire de France, tome 14

La chasse à la baleine dont parle Mazarin est une pêche mythique, pilier de l'économie locale de l'époque. Se faisant rares dans le golfe de Gascogne au Moyen Âge, les cétacés seront poursuivis par les pêcheurs basques jusqu'au Grand Nord. Après le XVIIIe siècle, cette activité sera remplacée par la pêche à la morue et à la sardine, puis, à partir de 1950, la région se spécialisera dans la pêche au thon.

PIERRE LOTI

« *Adio, Euskualleria !* Adieu Pays basque ! »

Le romancier fait ici ses adieux à un pays, à la patrie basque, avec ce chant dans le vieux rythme euskarien à cinq temps.

Adio, Euskualleria ! (Adieu, Pays basque !) C'est un chant du barde Yparraguire qui commence et s'appelle ainsi... Et ces deux mots constamment me reviennent en refrain mélancolique, à l'heure où, comme jadis le barde, je vais quitter ce pays.

Adio, Euskualleria ! Ils sont aussi une sorte de refrain d'automne, ces deux mots d'Yparraguire, devenus inséparables pour moi des novembres d'ici, – des novembres tristement lumineux, avec de chauds soleils encore sur les campagnes, tandis que tombent les feuilles en jonchée le long des chemins, tandis que les grandes feuilles rousses des platanes s'entassent au seuil des maisons et dans les allées de mon jardin demi-abandonné. C'est en automne que j'avais pour la première fois visité le village du barde, au fond de la province de Guipuzcoa et appris ce chant d'adieu composé par lui dans le vieux rythme euskarrien à cinq temps. C'est en automne aussi que je quitterai la patrie basque ; alors *l'Adio Euskualleria !* éveille dans mon esprit quelque chose comme une confuse association de feuilles mortes et de départ.

Partir !... Dans quelques jours, dans très peu de jours, je serai loin d'ici. Et il y a, pour toute âme humaine, une intime tristesse à s'en aller de tel ou tel coin de la terre où l'on avait fait longue étape dans la vie.

Elle avait duré plus de sept ans, mon étape imprévue au Pays basque ; – il est vrai, avec des intermèdes de voyages en Arabie ou ailleurs, mais toujours avec des certitudes de revenir. Et je gardais ici une maisonnette isolée qui, pendant mes absences, restait les volets clos, où je retrouvais à mes retours les mêmes petites choses aux mêmes places ; dans des tiroirs, certaines fleurs fanées des précédents étés... Lentement je m'étais attaché au sol et aux montagnes de ce pays, – aux cimes brunes du Jaiz-Guibel, perpétuellement dressées là devant mes yeux, en face de mes terrasses et de mes fenêtres. Quand on devient trop las et trop meurtri pour s'attacher aux gens comme autrefois, c'est cet amour du terroir et des choses qui seul demeure, pour encore faire souffrir...

Et j'ai eu un délicieux automne, cette année, pour le dernier. Les chemins qui, de ma maison, mènent vers le mouillage de mon navire sont refleuris comme en juin. – C'est là-bas, ce mouillage, au tournant de la Bidassoa, contre le pont de pierres rousses, décoré des écussons de France et d'Espagne, qui réunit, par-dessus la rivière, les deux pays amis et sans cesse voisinants. – Très refleuris au soleil de novembre, ces chemins qui, presque chaque jour, aux mêmes heures, me voient passer : çà et là, des brins de chèvrefeuille, de troène, ou bien des églantines émergeant toutes fraîches d'entre les feuillages rougis. Et les grands lointains d'Océan ou de Pyrénées qui, par-dessus les haies, apparaissent en un déploiement magnifique, sont immobiles et bleus...

Adio, Euskualleria !... Reviendrai-je jamais ? Qui sait ?... Et déjà, dans les environs, j'ai commencé de faire, à des amis basques de l'intérieur, les visites de grand adieu.

Le Pays basque,
récits et impressions de l'Euskal-Herria

> Dans *Interrogatoire par Patrick Modiano,* Emmanuel Berl raconte sa visite à Pierre Loti, alors qu'il vient de se marier en 1919 : « Il nous a proposé d'aller voir le coucher de soleil sur le port d'Hendaye... Pour sortir il s'est coiffé d'un fez... À la lumière du jour j'ai vu qu'il était maquillé... [...] Nous avons vu le coucher du soleil... Et puis Loti s'est levé en nous disant d'une voix très douce : "Au revoir, messieurs... Je vous remercie de votre visite..." Je dois dire que j'ai souvent pensé à cette petite silhouette en fez qui s'éloignait dans le crépuscule... »

« Le goût de… »

Le goût de l'Abyssinie
Le goût de l'Afghanistan
Le goût d'Alexandrie
Le goût d'Alger
Le goût d'Amsterdam
Le goût d'Antibes
Le goût d'Athènes
Le goût de l'Australie
Le goût de Bali
Le goût de Barcelone
Le goût de Belgrade
Le goût de Berlin
Le goût de Beyrouth
Le goût de la Birmanie
Le goût de Bordeaux
Le goût de la Bretagne
Le goût de Bruxelles
Le goût de Bucarest
Le goût de Budapest
Le goût de Buenos Aires
Le goût du Cambodge
Le goût de Cannes
Le goût de Capri et autres îles italiennes
Le goût de la Chine
Le goût de la Corse
Le goût de la Croatie
Le goût de Cuba
Le goût de Dublin
Le goût de l'Égypte
Le goût de l'Engadine
Le goût de Florence
Le goût de Genève
Le goût de la Grande-Bretagne
Le goût de Grenade
Le goût de la Guadeloupe
Le goût de la Haute-Provence

Le goût du Havre
Le goût des îles Baléares
Le goût des îles grecques
Le goût de l'île Maurice
Le goût de l'Inde
Le goût des villes de l'Inde
Le goût d'Istanbul
Le goût de Jérusalem
Le goût des lacs italiens
Le goût de Lille
Le goût de Lisbonne
Le goût de la Loire
Le goût de Londres
Le goût de Los Angeles
Le goût de Lyon
Le goût de Madrid
Le goût de Marrakech
Le goût de Marseille
Le goût de la Martinique
Le goût de Mexico
Le goût du mont Blanc
Le goût de Montréal
Le goût du Mont-Saint-Michel
Le goût de Moscou
Le goût de Nancy
Le goût de Naples
Le goût du Népal
Le goût de New York
Le goût de Nice
Le goût de la Normandie
Le goût d'Odessa
Le goût de Palerme
Le goût de Paris
(3 volumes : 1. Le mythe ; 2. L'espace ; 3. Le temps)
Le goût du Pays basque
Le goût de Pékin
Le goût du Périgord
Le goût de Prague

Le goût de la Provence
Le goût du Rhin
Le goût de Rio
Le goût de Rome
Le goût de Saint-Jacques-de-Compostelle
Le goût de Saint-Pétersbourg
Le goût de Salzbourg
Le goût de San Francisco
Le goût du Sénégal
Le goût de Séville
Le goût de Shanghai
Le goût de la Sicile
Le goût de Strasbourg
Le goût de Tanger
Le goût du Tibet
Le goût de Tokyo
Le goût de Toulouse
Le goût de Trieste
Le goût de Tunis
Le goût de Turin
Le goût de la Turquie
Le goût de Venise
Le goût du Vietnam
Le goût de Vienne

Le chant des villes
Le (dé) goût de la laideur
Le goût de l'amitié
Le goût de l'amour
Le goût de l'argent
Le goût de la boxe
Le goût du bonheur
Le goût du café
Le goût des chats
Le goût du cheval
Le goût des chiens
Le goût du chocolat
Le goût du ciel

Le goût du cinéma
Le goût de la danse
Le goût des déserts
Le goût de l'école
Le goût de la forêt
Le goût du football
Le goût des jardins
Le goût du jazz
Le goût de la lecture
Le goût de la marche
Le goût de la mer
Le goût de la montagne
Le goût de l'opéra
Le goût des parfums
Le goût de la pêche
Le goût de la photo
Le goût de la poésie amoureuse
Le goût du rêve
Le goût de la révolte
Le goût de la rose
Le goût du rugby
Le goût du sexe
Le goût du tabac
Le goût du thé
Le goût du théâtre
Le goût des villes imaginaires
Le goût du voyage

Réalisation Pao : Dominique Guillaumin

Achevé d'imprimer
par Hérissey
à Évreux (27000)
en mai 2011.
Imprimé en France.

Dépôt légal : mai 2011
N° d'imprimeur : 116517

156443